质效通论

徐明焕 著

中国海关出版社有限公司

中国·北京

图书在版编目（CIP）数据

质效通论/徐明焕著.—北京：中国海关出版社有限公司，2022.1
ISBN 978-7-5175-0543-3

Ⅰ.①质… Ⅱ.①徐… Ⅲ.①质量效益—研究 Ⅳ.①F273.2

中国版本图书馆 CIP 数据核字（2021）第 268203 号

质效通论
ZHIXIAO TONGLUN

作　　者：	徐明焕
责任编辑：	刘立梅
出版发行：	出版社有限公司
社　　址：	北京市朝阳区东四环南路甲 1 号　　邮政编码：100023
网　　址：	www.hgcbs.com.cn
编 辑 部：	01065194242-7533（电话）
发 行 部：	01065194238/4246/5616（电话）
社办书店：	01065195616（电话）
	https://weidian.com/?userid=319526934（网址）
印　　刷：	北京中献拓方科技发展有限公司　　经　销：新华书店
开　　本：	880mm×1230mm　1/32
印　　张：	5.125　　　　　　　　　　　　　　字　数：95 千字
版　　次：	2022 年 1 月第 1 版
印　　次：	2022 年 1 月第 1 次印刷
书　　号：	ISBN 978-7-5175-0543-3
定　　价：	35.00 元

海关版图书，版权所有，侵权必究
海关版图书，印装错误可随时退换

序　言

"质效"一词方兴未艾。虽然目前人们已经逐渐开始注意它和使用它，一般用以说明工作和事业发展的目标和理想状态，但是人们还不曾进行系统研究，尚未认识它的本质和规律，未揭开它的神秘面纱。在这种情况下，作者敏锐抓住这一问题，结合自身工作经验和以往的研究成果全面展开分析，提出关于质效发生、发展规律的一系列观点。这对于深入认识质效的本质、本源，更好地把握住事物的根本和发展规律，无疑具有重要的理论意义。同时，质效研究紧紧立足高质量发展的需要，针对在市场经济条件下经济技术整体质效可能衰减等问题，认真分析原因，寻求解决问题的方法，提倡加强以质效为中心的管理革命，着力提升经济社会发展的整体质效水平，也具有重要的现实意义。

《质效通论》是迄今为止我国第一部专门研究质效问题的学术专著。作者工作经历丰富，结合工作实际，关注质量问题、质量安全型经济发展问题已经多年了。2013年他曾经出版《论质量安全型经济》一书,并在北京专门举行学术和理论研讨会,提出了"质量安全型经济理论",曾经获得具有"人民教育家"国家荣誉称号与"最美奋斗者"荣誉称号的卫兴华教授的肯定与好评。在此基础上,作者仍坚持不懈努力,默默耕耘,将自己的研究方向引入到质效管理领域,逐步深入开展对事物发展的"质量""质本""质安"等问题的系统研究,研究范围不断扩展,内容涵盖经济学、管理学、哲学等不同学科。为了集中研究成果,进一步扩大学术交流范围,中国海关出版社加以精心编辑,决定通过"徐明焕'质'学论丛"这一载体,将《质效通论》及其他学术成果集结,以系列丛书的形式公开出版,供大家参阅和交流,这是一件可喜可贺的事。

徐明焕"质"学论丛学术性和普及性均佳,既可供学术交流、辅助教学,也可供企业和社会组织加强管理参考借鉴。在丛书即将出版之际,应约,我欣然回应,是为序。

张景安
2021 年 12 月于北京

(张景安,研究员,国际欧亚科学院院士。现任中国科技体制改革研究会理事长,高新技术开发区改革专委会会长,国际欧亚科学院中国中心副主席。科技部原副部长。)

前　言

质效是笔者长期思考的问题，也是长期思考的结晶。奋斗的人生不能没有思考。从浮想联翩的思考，到聚焦问题的思考，人生已经走过了许多路。直到 2020 年，新型冠状病毒肺炎（以下简称"新冠肺炎"）疫情暴发并蔓延，一切都在发生前所未有的改变，甚至是颠覆性的变化，这让笔者更加看清了一些具有规律性的普遍问题，质效就是这些问题的聚焦点。

为什么会有突如其来的新冠肺炎疫情？为什么疫情会在"敢为人先"的武汉暴发和被发现？为什么在较短的时间内中国能迅速控制住疫情蔓延的态势，继而全球疫情大暴发，形势出现了反转？我关注质量问题已经很多年了，对质量安全型经济理论问题尤为重视，曾于 2013 年出版《论质量安全型经济》一书，对现代经济发展的科学方式和科学理念作了初步探索，结合经济发展对质量和质量安全展开研究，创新了经济理论研究方法，开阔了经济发展和质量发展的视野，取得了一些成果，为进一步开展对质效管理和评价的研究打下了坚实基础。

高质量发展是2017年中国共产党第十九次代表大会首次提出的新表述，表明中国经济已由高速增长阶段转向高质量发展阶段，也提出了一个极为重要的时代课题。我的研究工作注重把质量与经济发展相结合，把质效与管理创新相结合，从质量转向质效，表明研究工作进一步深化，同时也映射出经济发展和管理理念的嬗变与升华。从资本称雄的时代到讲求质效的时代，其间凸显了一个大写的"人"字。坚持以人为本和以人民为中心的发展真正被提到应有的重要地位上。

从国际视角看，资本主义和自由市场经济的质效问题正在被质疑，全球疫情蔓延和此起彼伏的难民潮好比"照妖镜"，一些国家无视疫情对本国人民的危害，野蛮带疫复工复产和采取所谓的"群体免疫"做法，已为其揭下了最后的遮羞布。人类的本质需要是什么？如何维护人类的根本利益？经济社会发展的前途在哪里？如何客观正确看待中国经济质效？这些都是值得关注，也是时代需要回答的问题。"质效研究"在时代的大潮中发出声音，希望以己之力尽一份责任、担一种使命。

《质效通论》是在时代的变局下产生的，先以微信公众号"质效解秘"的形式问世，并已得到不少回应。当下重视质效的人越来越多，研究开发质效提升和质效管理系统的部门、公司与个人也出现了，相信在不远的将来，质效需求管理和质效提升的理念和方式将被社会所接受，将从根本上克服经济、技术质效的相对衰减，促进经济社会质效整体提升，实现不断造福人类的美好愿望。

《质效通论》一书，共分八章。第一章全面阐述了质效的本质及基本特征，指出质效是事物从根本上整体向好的发展状态，是人类根本需要的满足。第二章分析为什么要讲求质效，指出在全社会形成讲质效的氛围，树立正确质效观，以及科学指导工作实践的必要性。第三章强调了质效的核心是维护和增进根本利益，要促进建立根本利益结合体，充分发挥根本利益的主导作用。第四章阐述了质量安全这一提升质效需要解决的根本问题。第五章讲述提升整体质效的工作目标，指出质效的目标在于整体性，需构建从个人质效到整体质效的有机架构。第六章分析市场经济技术质效相对衰减规律，指出质效衰减并非不可避免，关键是看是不是为人民服务。第七章倡导以质效为中心的管理革命，提出落实高质量发展要求的创新管理理念和管理方式路径。第八章与质效管理有关的实例，属于笔者工作实践的总结。

从用途上看，本书无疑属于学术专著，但同时也具有质效启蒙读物和普及读物的功能作用，可供学术交流和辅助教学，以及科研使用，也可供企业和社会组织强化管理借鉴参考。

质效分析和研究还需逐步深入，今后作者将结合工作实际继续开展这一领域的研究和解读工作，在此也欢迎广大专家学者和管理人员积极参与，并以各种形式向作者提出批评意见或建议。借此衷心感谢各位领导、同仁和各界人士的鼎力支持！

作者

2021 年 7 月于北京

目 录

第一章 "质效"具有普遍意义 …………………… 1
第一节 何谓"质效":事物从根本上整体向好 ………… 3
第二节 质效的基本特征 …………………………… 8
第三节 讲求质效必须尊崇道德正义性 …………… 12
第四节 没有格局就没有质效 …………………… 15
第五节 环环相扣的质效层级和结构 …………… 17
第六节 质效的整体性效应 ……………………… 19
第七节 质效应当具有引领发展的先进品位 …… 22

第二章 讲求"质效"为幸福开源 ………………… 25
第一节 秉承宇宙精神 坚持以人为本 ………… 27
第二节 把握"变与不变"规律 ………………… 29
第三节 讲质效必然有利于固根本 ……………… 30
第四节 认识质效关系 提升工作水平 ………… 32
第五节 弘扬质效精神 强化使命担当 ………… 33
第六节 修持质效境界 提升人生品位 ………… 35
第七节 树立科学质效观 正确指导实践 ……… 37

第三章 质效的内在核心：维护和增进根本利益 ………… 39
- 第一节 影响生存与持续发展的根本利益 ……………… 41
- 第二节 人类根本利益结合体 …………………………… 43
- 第三节 以人类根本利益为主导 ………………………… 45
- 第四节 树立以根本利益为主导的社会意识 …………… 47
- 第五节 正视人类根本利益的社会现实性 ……………… 49

第四章 质效的根本问题：质量安全 ……………………… 53
- 第一节 质效与人类需求相联系 ………………………… 55
- 第二节 质效与质量的内在关系 ………………………… 58
- 第三节 安全是质量之要 质效之本 …………………… 64
- 第四节 认识和把握质量安全规律 ……………………… 68

第五章 以提升整体质效为工作目标 ……………………… 73
- 第一节 质效的本义在于整体性 ………………………… 75
- 第二节 关于群体的质效提升问题 ……………………… 77
- 第三节 个人质效是社会整体质效的基石 ……………… 79
- 第四节 每个"单元"都是"质效组合" ………………… 81
- 第五节 单位是质效提升最具弹性的层级 ……………… 83
- 第六节 系统的质效：社会某一领域的整体质效 ……… 85
- 第七节 人人参与并享有的社会质效 …………………… 88

第六章 经济技术质效衰减规律 …………………………… 91
- 第一节 "假性需求"使经济质效趋向衰减 …………… 93

第二节 供需矛盾对经济质效的影响 ……………… 95
第三节 垄断为霸,为富不仁,质效会衰减 ………… 98
第四节 容易忽视新科技革命的质效问题 ………… 102
第五节 探索经济质效提升的具体方式 …………… 104
第六节 发挥经济质效的示范效应 ………………… 105

第七章 以质效为中心的管理革命 ……………………… 109
　第一节 从绩效管理到质效管理的转变 …………… 111
　第二节 质效管理的基本方法 ……………………… 114
　第三节 权力运行的质效 …………………………… 117
　第四节 决策的质效 ………………………………… 119
　第五节 质效监督 …………………………………… 121
　第六节 质效评价体系 ……………………………… 123
　第七节 克服形式主义顽疾 ………………………… 125

第八章 与质效管理有关的实例 ………………………… 127
　第一节 维护国门质量安全　增强人民海关为人民服务
　　　　 质效 ………………………………………… 129
　第二节 整体提升关区进出口食品安全质效 ……… 137

第一章

"质效"具有普遍意义

质效通论

第一节　何谓"质效"：
事物从根本上整体向好

一、质效成就未来

质效问题无时不在、无处不有，是具有普遍性的问题，也是具有根本性的问题。研究和重视质效，无论对于个人或组织，乃至对国家或人类的居安思危、防患未然，科学评价、正确选择，固本培元、持续发展，都具有极其重要的意义。

可以说，不明白质效的含义，在工作和生活中就做不好选择题，就不懂得如何正确认识形势和主要任务，就不能够从根本上把握好未来。无论是作为个人或是组织的管理者，你可能抓得一手"好牌"，也可能沉浸于眼前暂时繁荣的"假象"中，但很快会发现走着走着路子就变了，走着走着事业就露出衰落的迹象了……

那么，如何正确认识眼前的现状和存在的风险隐患，如何对事物的发展趋势作出正确的评价、判断和选择，如何驾驭变化着的形势，面对出现的危局和危机如何从根本上加以扭转……对于这些复杂的问题，本书将给出自己的共性答案。

二、质效主要指质的发展

从词面上看,"质效"就是"质量"和"效益"的统称或简称。但是只要加以深入研究分析,就会发现这样的理解方法显然过于肤浅和表面化,根本不足以揭示并表达出"质效"深层的真正内涵。

为了揭示质效的本质属性,我们避开对它字面上的理解,尝试采用头脑风暴式的方法,用最简洁的语言来表达质效的最主要内涵。经反复思考推敲,笔者认为质效就是指事物从根本上整体向好的发展状态或者目标。当然,质效也是事物发展的内在动力源泉。此外,质效还是现代管理的方式和方法。质效是事物所具有的共性特征,因此,也可以说是世界的本质。只有从宏观上对质效加以描述和定义,才能还原它的本来面目和适应不同层面的事物,比如小到身边具体的物质和一件件小事,大到宇宙世界,它都能够涵盖。

三、准确理解质效的含义

根据质效为"事物从根本上整体向好"的表述,我们要完整、准确地理解质效概念,应注意把握以下几个重要方面的含义。

(一)"事物":反映质效的载体

我们所讲的质效都是指一定事物的质效。事物是质效的载体和表现形式。离开具体事物谈质效，将成为无源之水和无本之木，就失去了存在的基础。

那么如何正确理解事物的"质"？

此时人们自然会想起"品质""本质""性质""特质""质态"等这些常用的和与之相关的词语。这些词语从不同侧面描述事物的"质"的状态，但不足以说明"质"的根本内涵。简而言之，我们说的"质"是指事物与生俱来的根本属性，好比人们常说的"如来本性"，它既存在于事物的具体形式之中，又不局限于事物的具体形式。

事物的"质"规定了一事物与其他事物的根本区别，是区分事物好与坏、优与劣的标准，是对事物进行定性之用。我们平时所说的"质量"，就是对质的状态，比如精度、密度、耐受程度等的表述。俗话说"万变不离其宗"，这里的"宗"可以理解为事物的质所具有的恒久的稳定性，也喻示事物变与不变的内在关系。

为了更好地理解事物的质，理解变与不变，我们打个比方，比如人类不断进化和发展，但基因组的序列基本不能改变，在遗传密码不变的前提下，人们希望自己的种属进化得更好、更完美一些。人类代代相传，不断变化发展，但是这种发展和变化必须恪守变与不变的内在规律，否则，人类将有可能进化成为其他种类，显然这不是我们所希望的结果。

又如，虽然我们面临的时代主题会发生变化，中国共产党所面临的历史任务会随之改变，但是共产党人的初心、使命始终不能忘记和改变，党的根本宗旨永远不会改变。因为初心和使命是政党的根本属性的体现，也是最广大人民群众的根本愿望。其实这些都是同一个道理。

那么，"效"又是指什么呢？

此时人们一定会想到"效果""效率""效益""成效"，其实这些常用词所表示的"效"，都有特定的含义，但质效中的"效"与"质"紧密相连，主要是指事物发展变化所产生的与本事物的质紧密联系的利益、效率及成效等。从根本上说，质效中的效，所指的就是事物的质的发展变化状态。

可见，质效指的并不是事物所有的变化和改变，而是指事物在质相对恒定的基础上的发展和变化。因此，也衍生出了"质效一致"的原则。一方面，质效强调事物不是为了变化而变化；另一方面，事物的发展变化须由特定的"质"加以约束和限定。

(二)"从根本上"：反映质效的内在特性

质效所强调的不是事物细枝末节的变化，不拘泥和纠结于事物发展变化的某种现象和形式，而是指某一事物与生俱来的根本属性在实际变化发展中得以延续、秉承、体现和提升的效果。"从根本上"就意味着这是事物"质"的巩固，不断发展壮大，越来越成熟的表现。可见质效的发展意味着事物的发展变化具有根本性，但不是对自身的否定，而是逐渐展开和成熟，是事物根本属性上的稳固和提升，或者说是"蚕变"，是华丽转身，是否定之否定。

这是因为，事物的现象可能会掩盖事物的本质和本性，形式可能与内容相脱节，我们讲质效当然不能停留在形式上和表面上，而是要深入到事物本质与本性中去，要注重从根本上想问题、看问题和解决问题，但不能从根本上裹足不前，更不能被现象甚至"假象"所蒙蔽和欺骗。

(三)"整体"：反映质效的外在特征

质效的发展注重整体和全局的效应，说明我们所指向的事物发展变化整体上处于良好的状态，并且正好因应了人们所期望的发展目标。可见，质效所追求的是侧重于整体，就像优秀的军事家，善于从战略上考虑问题，追求的是整体上的效果和最后的胜利，而不以一城一地的得失、一时的成败为标尺，总是把眼光放在全局和战略上来加以谋划和发展。

(四)"向好"：反映质效的动态表现

质效所要强调的是事物的发展变化所带来的根本的和全局性的利益增进，目的是便于更好地满足人们的需要。在以人为本的前提下，质效最主要的意义在于，事物的发展变化对全局和根本利益的增进起到了良好的影响和促进作用。

因为，对于质效追求和质效评价来说，在事物的背后，起支配地位的是人类，离开了主体人的需要，质效就失去了存在的意义。从个人—人群—人民—组织—社会—人类，质效的主体不同，意义也不一样。

需要指出的是，在日常生活中，"质效"一词的应用要比我们的想象更加广泛。因为它除了对事物本身的描述以外，还可加以引申。

比如，我们说一个地区的经济结构得到全面优化，经济发展满足人们整体需求的能力得到提升。这种状态和结果当然谈得上是有质效的。而与此同时，对于促进经济结构优化的相关工作和所有的努力与付出，也可以说质效是好的，都属于所说的质效的范畴。

第二节　质效的基本特征

为了更好地理解和把握质效这一概念，更加深刻认识质效的本质，提升在实际工作和现实生活中运用质效理念分析问题、解决问题、促进经济社会持续健康发展的能力和水平，我们必须对质效所具有的明显特征或一般要素加以系统分析。

目前，关于质效的内容在各种载体中只是零星可见，人们对它的特征、意义和作用还缺乏完整认识，更谈不上形成共识。

时下，谈"绩效"的文章很多，绩效管理也颇为盛行。虽然质效与绩效相比，仅一字之差，但差之千里。

我们把质效作为事物发展的理想状态和管理理念，它应当具备以下五个方面的特征和要求：

一是道德正义性；二是工作全局性；三是层级阶梯性；四是目标整体性；五是时代先进性。

质效的五个基本特征各有所指，相互补充，相辅相成，不可或缺，也可以把它看成是五个基本要素，是对质效本质属性的重要考量。

一、道德正义性是质效的根本

这一特征说明，要把质效放到道德精神与哲学层面上，放到全世界和人类社会本质本源思索上来加以考量。

无论处于自然状态下的事物，还是已经遭受到人为因素影响和作用的事物，本质上都受客观规律的制约。而随着科学的发展、技术的进步，人为的作用范围会越来越广泛。因此，只有正确认识和自觉处理好我们与自然界的关系，与自然规律的关系，在想问题、办事情的言行中恪守自然法则，做到按规律办事，秉持正义，自觉守护自然，顺应自然，回馈社会，坚持真、善、美，才谈得上质效。否则，任何违反客观规律、反人类、践踏文明、损人利己的人和事，由于失了道德正义这个根本与前提条件，所以都不属于质效意义的范畴。如《孟子·公孙丑下》所说，得道者多助，失道者寡助。寡助之至，亲戚畔之，多助之至，天下顺之。

二、 工作全局性是质效的定位

质效所反映的是事物与人之间的内在联系。比如，科学技术如何反映人们的质量安全需要，人们在如何引导科技健康安全发展的同时，需极力避免人类遭受科学技术"双刃剑"的负面影响。这就是科学技术发展的全局问题和大局观。不谋全局者难以谋一域，不谋万世者难以谋一时。追求科技领域的发展质效，必须强化这种全局观念和大局意识，乃至于需要立足于全球视野和人类站位来考虑问题。如果只懂得埋头具体事务，不善于在全局和大局中明确自身定位，就会只注重眼前的和小团体的利益，一旦在科技发展的全局大方向上迷失了正确的指引，就会犯方针上的错误，工作起来很可能会添堵添乱，自然谈不上什么质效。

三、 层级阶梯性是质效的结构

质效是系统性的概念，有不同层次和级别的区分。因为质效追求往往与人群相联系，与机构相联系，所以最简便的方法是按照组织结构来划分质效的层级结构。据此，就工作质效来看，可以分为个人工作质效、小单元工作质效、单位工作质效、部门系统工作质效、全局工作质效等不同层级。这里需要指明的是，各层面质效虽然可分层，并且具有相对独立性，各层面要求也有差别，但不管处于哪个层级，其在根本利益追求上应当是一致的，这样才能保持各层级质效相互融合，做到一脉相承，紧密形成整体。

四、 目标整体性是质效的宗旨

由于质效的主体是人，对于人的根本利益的体现，往往不是通过个体效应来实现，而是通过满足整体性效应的要求来实现的。这是因为整体的也是根本的，而且也只有根本利益才具有真正共性，才能把不同的个体维系结合成为整体。比如，把共同富裕作为社会主义的本质特征，在实现过程中，充分体现"共同"二字，因此突出强调精准扶贫，不落一人，真正做到先富帮后富。

可见，质效追求也是个体和整体之间最好的"黏合剂"。质效追求往往着力在单位、在岗位，但是目标和目的在于整体，着眼点在于整体，目的在于提升本单位，甚至全社会的整体质效。可以说，大凡谈质效，其所追求的都是整体的质效。如果不是立足于整体性需要，只是片面追求个体的或局部利益，那就称不上质效了，因为那样做的最后结果充其量不过是某一单位或某项工作取得某种绩效而已。

而且，质效所追求、所突出强调的整体效应，一般还具有综合效能的作用，就是说其对事物的发展变化具有催化影响的功能和效果，形象地说，它就像促进面粉发酵的"酵母"那样。

五、时代先进性是质效的品位

时代先进性是质效对于事物在促进创新和引领发展中的重要作用。

由于事物处于不断发展变化之中,因此对质效的追求也随之发展变化,质效品位的先进性是动态发展的,不同时代对质效的要求不同,不同发展阶段的质效也将各有侧重点和特色。质效品位先进性要求,论质效不仅不能落后于时代需要,而且要求始终处于时代发展的前沿,能够反映时代的脉动,引领时代发展的潮流,激发时代的创新活力。要求始终保持促进质效创新的激情,尽心尽力促进事物质的稳定提升,并注意在影响同类事物发展变化中彰显其推陈出新的引领作用。

第三节　讲求质效必须尊崇道德正义性

一、什么是道德正义性

从质效具体特征上分析,道德正义性是决定质效价值评价的准则,其在质效条件成立中最具根本性意义,是人们对质效追求的首要前提条件。

这里讲的道德,并非指人们通常讲的一般性的伦理道德,而是指人类行为所基本秉持的,属于对宇宙精神、人类大道和人间正道等哲学层面，并在精神世界占据主导地位的思想理念、价值理念，以及行为取向等。

这里所讲的"道"是指宇宙中的一切规律，"德"是指人们按规律办事，尊崇道义的思想行为习性和习惯的养成。"道德"所强调的是认识规律和按客观规律办事的有机统一。当然这里所说的有机统一的统一体是人类，在于人类的思想灵魂深处，并且常常是从人们的行为习气中表现出来的。

那么，所谓道德正义性是指思想行为对道德的崇尚和遵守，也指组织、社会和个人的行为基本符合自然规律、宇宙规律、经济社会发展规律的要求，顺应天理人伦的总体表现。

对道德正义性的尊崇是人类的基本义务和行为规范，是人类的生存之道和发展之道。表明人们的行为和活动自觉按照人间正道、人类大道所约定的准则和指引的方向来进行，调适与人类生存和发展主旋律的要求，保持可持续发展。

比如，我们的所有生产经营活动要符合加强生态文明建设和环境保护的要求，社会管理要维护人们对生命安全的基本需要，法治工作要维护公平正义的司法秩序等。

二、 为什么说道德正义性是质效的前提和基础

一是道德正义性符合人类整体和长远利益的需要，是人类社会长期稳定和文明事业进步的共同要求。

二是在具体秉持道德正义性中既可以凸现强者的作用，也

可兼顾弱者的利益，是促进社会和谐稳定发展的根本力量。

三是任何组织和个人的行为，只有尊崇道德正义性，按照它的要求来办事，才能受到人民大众的欢迎，促进事业由小变大、由弱变强，获得旺盛生机和活力，始终立于不败之地。

可见，我们所讲的质效与道德要求相联系，与公平正义相联系，只有按客观规律办事，恪守自然法则和社会发展法则，秉持正义的思想理念、政治理念、经济理念、文化理念、社会理念，按照公平正义的法律法规和政策行事，坚持真、善、美的行为准则，才谈得上工作和事业发展的质效。

相反，任何逆客观规律、反人类、践踏文明、损人利己的人和事，都不是质效所包含的内容。

因此，对于国际上少数国家采取恃强凌弱，不断挑起局部战争，借以出售军火、发展本国军工产业、带来高额利润的做法，正是有违道德正义性的罪恶行径，虽然一时经济业绩很不错，但是这样做在国际上不仅失道，而且失信，最终必然为大多数的国家和人民所唾弃。

三、如何尊崇道德正义性

首先，对道德正义性要有正确认知。社会、个人要充分认识到秉持道德正义性对于立身处世的重要性，同时，也要促进有关组织对正道和大道提高认识，而且还要逐渐养成全社会对道德正义性的深刻共识。正如亚里士多德所说，遵照道德准则生活就是幸福的生活。一个社会如果缺乏对道德正义性的正确认知，就不会有国民好的行为习惯，人们的幸福生活就失去了质效基础。

其次，对行为价值要有正确的判断和选择。在公民还不能正确判断自己的行为是否具有道德正义性，以及在道德正义性还未得到彰显的时候，人们对质效的追求也具有很大的不确定性。因此，如何树立个人、社会组织的正确价值观和行业道德准则，完全是现实社会的需要。基于道德正义性的质效追求，将成为全社会和每个人的价值选择，也将成为人们工作和生活的内在需求。

最后，树起国际社会反政客势力的旗帜。从国际上看，少数国家政客任性作为，不仅祸害本国，而且也给其他国家和地区带去深重灾难。他们已然成为国际社会健康发展的公敌和人类社会整体质效提升的障碍。应当聚集正义力量，在国际社会上树立反对政客势力的旗帜，有效铲除政客势力对道德正义性的肆意践踏，大力促进质效全面提升。

第四节　没有格局就没有质效

一、格局是大局观的外化

格局是指个人或组织基于对事物的认知，自觉或不自觉地对工作的关注点、着力点和发展方向的选择和取向,格局属于自我布局,是个人和组织行为习惯和精神境界的体现。很多时候是基于个人和组织管理者人生修养与工作经验,以及价值意识等形成的习惯性做法,往往是下意识的表现。格局的表现非常具体,有的在于对遇到的具体事物的判断,有的在于对新生事物的理解包容,有的在于对事物发展方向和行为取向的选择,格局意识虽与全局、大局意义有所不同,但密切联系。格局是大局观和全局意识的外化和具体表现,无论是个人或组织,如果缺乏全局意识和大局观,那么想问题、办事情、谋发展的格局必然受限,事物发展最终结果一定不理想,质效自然不好。

二、善于观大势、识大局、育先机、开新局

"不谋全局者难以谋一域,不谋万世者难以谋一时""只见树木不见森林""人无远虑,必有近忧"等,这些说法都说明了提升格局、着眼全局大局、把握先机的重要性。

注重质效者必观天下、胸怀全局。机遇从来都是给善于抓住先机的人准备着的。

形势分析对于观大势、抓住新机遇、把握先机、在危局中开新局具有特别重要的意义。比如,由于西方国家的一味打压,我国外部环境受到不利影响,但是危机中也隐含着新的发展机遇,无疑为我们调整发展格局,促进形成国内大循环为主

体、国内国际双循环相互促进的新发展格局提供了适当时机。

因此，观大势、识大局、开新局，明确自身在全局和大局中的组织机构定位、岗位职能定位、工作作用定位，因势利导，敏锐地观察，抢抓机遇，用好机遇，才能有效开展工作。定位不准，犹豫不决，错失良机，自做自画，工作着力点和方向都会出现偏差，而且往往力度越大偏差也越大。

第五节 环环相扣的质效层级和结构

一、质效的结构阶梯性

质效既是宏观的，也是微观的。从个人到社会之间质效的层次分明，虽有差别，但总体上相互促进，融合一体。

质效的层级分布，可分为个人工作质效、单元工作质效、单位工作质效、系统工作质效、全局工作质效等不同层次，各层面质效虽有分层，但求同存异，环环相扣，一脉相承。

显然，个人工作质效处于最基础层次，也显得最为分散，并且呈现出复杂多样的状态，但是它们并非没有规律。

因为尽管个人的追求不一，工作的目的不一，但一定是被一根主线串在了一起。为了生存也好、为了兴趣也好、为了理想抱负也好，不管是通过市场行为，还是非市场行为，都有一个共同目的需求，就是通过努力工作，实现更好地满足人们的需要的共性特征，都是努力放大事物的质量这一根本属性。因此，提升质量是所有个人工作都具有的共性特征，堪称一条贯穿个人工作的主线，或主旋律。当然，这里所说的质量，是指广义上的质量，不单指狭义的有形产品的质量。

二、个人工作质效是全局和社会质效的基石

一方面，某些个人的工作质效直接影响社会整体质效。

比如，烈性传染病专家的个人工作水平和态度，对政府预警机制直接发生影响，甚至是起决定性影响作用。如果专家误判或不实事求是发布信息，那么对全社会的防疫工作质效将会产生极为不利的影响。

值得注意的是，但凡与中心工作或重大突发性事件相关联的权威人物，以及部门单位关键岗位的个人工作质效，对整体的和社会的质效都将产生深刻影响。

另一方面，个人工作质效的整体状况对社会质效起基础性影响，甚至是决定性作用。如果部门单位大多数人注重讲求工作质效，对工作的态度不是应付了事，那么整体社会质效就有坚实的保证，否则社会质效将难以达到期望值。

三、每一层次质效是串联着的

从个人质效、单位内小单元质效、单位质效、行业和系统

质效到全局性的和全社会的质效，每一个层级的质效都具有传导性和相互影响的作用。个体的工作质效都处于组织作用之中，都是组织质效的细胞，不存在完全脱离组织作用的个人质效。

而且，单元和单位质效是最具活力的层级。因为它们具有很大的机动性和灵活性，可以在适时调整工作规划和调适具体落实措施之中来不断推动创新。

各行业质效虽然具有相对独立性，并与法定职能密切相联系，但绝对不是机械性地发挥着固定的职能作用，而是根据局势的变化，在全局工作部署和要求之中周密地谋定而后动。其恰如其分地充分发挥作用，对全局工作起支撑和保证作用，将构成不可或缺的系统性和功能性效用。

此外，更重要的是，由于质效的道德正义性和工作全局性定位的特征，早已将各不同层次和不同层级间的质效关系紧密地相互交织在一起，无形中，其在促进不同层级间质效融合起到了纽带的作用。

第六节　质效的整体性效应

从发展的角度看，我们把质效定义为事物从根本上整体向好，以达到质量整体提升的综合效果，便于更好地满足人们的需求。可以说质效的目的和主要力量在于激发事物的整体性效应，因此这也是人们讲求质效的宗旨所在。

一、突出整体性效应是质效与绩效的明显区别

虽然讲质效也强调要从本单位和本岗位出发，但它的目标却在于提升整体的效应。其所追求的不是狭隘的个人利益或局部利益，而是全局性的整体的效果。它所追求的也不是单一的效果，而是牵一发动全身的综合效能。

人们日常广泛运用的绩效考核手段，主要侧重于对单项或多项指标和工作事项本身完成情况的考核，而作为质效目标的考察，更加侧重于就具体指标和工作事项完成情况对工作全局和整体性效应的分析。

在实际管理工作中，由于绩效考核突出了某一方面的业绩，所以往往容易带来一些负面影响作用。质效考察着眼于全局和整体效应的作用分析，恰恰可以避免这种负面因素的影响。因此，质效管理的特点和战略意义，更有利于谋全局、谋整体和谋长远。讲整体质效就像人们平常说的"不在乎于一城一池的得失"。

形象地说，绩效考核只要问这项工作按规定做了没有，除此以外，质效考察还要问这项工作做得怎么样，以及做了以后怎么样。

二、整体性效应的基本表现

质效的整体性效应主要为个体与整体、局部与全局之间内

在的质效统一性关系。

一是个体应当在整体中更有效发挥作用。整体是由个体所组成的，但不是个体的简单相加。从质效统一性关系上说个体应当在整体中适当发挥作用。一方面个体有义务维护整体存在，另一方面个体要为增强整体效能发挥自身应有作用。

二是局部应当在全局和大局中充分体现它的不可或缺和有为与作为。作为质效整体性的要求，局部应当增强大局意识，自觉围绕大局、服从全局需要，要在全局和大局目标要求中找准自身定位，发挥自身资源和功能优势，为实现总目标和总任务服务。

三是个体或局部的作为不正确或不到位，将影响事物整体的发展效应。当然个体和局部具有相对独立性，它们的积极性和主动性的发挥是质效提升的基础，其活力不可不激发。但是一旦超出必要的限度很多并且走向极端化，势必对整体质效造成不利影响。

对于个体和局部来说，影响工作整体效应的基本因素包括多方面。比如，内外形势的正确分析和判断；在发展全局中对自身工作属性和功能作用的准确定位；工作重点、方法和具体工作措施的针对性与实效性；基于总体工作要求的局部工作特色思路和工作经验的形成，等等。这些都深刻影响着个体和局部工作对于推动发展全局所发挥实际作用的效果。

三、综合效应是质效的典型表现

所谓综合效应是指各种因素相互作用的结果,它不仅属于整体性的重要组成,而且是整体性的集中表现,也是最典型表现。如果说整体性效应是"1+1>2"的叠加效应,那么综合性效应所反映的就是双叠加效应、N 叠加效应或乘数式效应。

这是因为个体与整体的关系、局部与全局的关系总是以一定的结构序列构成的,事物的结构具有复杂性,在相互影响作用下会产生催化作用,所以从整体性效应中必然会聚合出威力更大的综合性效应。

在事物发展过程中,综合性效应需引起足够重视,由于综合性效应的影响作用,往往会有各种意想不到的成功,同时也会出现"一着不慎满盘皆输"的意外。

第七节 质效应当具有引领发展的先进品位

一、质效的产生和发展

质效是人化的产物,它的产生和发展有自身的规律。总体上说是保护和创新并重。

从保护方面看,主要是提高人类对大自然、对经济社会及自身发展规律的认识,在尊重客观规律的基础上,尽最大的努力使原生态免于或尽量少遭受人为影响和破坏,以维护人类基本生存环境和条件。核心是维护人类及生存环境和条件在质上的稳定性与恒久不变的状态。因为人类社会是自然历史过程,人首先是从自然中产生,本质上与自然是和谐共生的,所以,质效的保护需要是基本的需要。

从创新方面看,主要是指为了人们生产生活更加便利和幸福,通过生产技术、经济社会管理制度创新等手段,不断改善环境和条件,增进人类福祉。核心是促使自然界和经济社会更加适合人类生存和发展的需要。从质效的以人为本的属性和意义上看,一切创新和创造都应理解为改善。一方面,是由于人为的影响,以及人的欲望膨胀和破坏的作用而产生的需要;另一方面,是由于人们对美好幸福生活的本能追求的需要。

二、 质效的引领作用

一方面,时代发展变化了,事物质效品位也会发生变化,过去处于先进品位的事物不再先进了,不具有引领发展的品位了,取而代之的是新事物。这种处于淘汰状态的事物,质效自然要打折扣,而占上风的事物的质效相对具有优势。

另一方面,由于不断有反映时代先进品位的事物出现,在其引领下,时代的内涵更丰富、更具体,特色更鲜明,发展得更好。比如,钢铁时代、电器时代、光时代、芯时代、生物时代等都引领风潮，具有浓厚的时代特色。

三、质效创新的活力

质效是某一时代的代表，不仅不能落后于时代要求，而且要求事物发展本身状况处于时代的前沿，在同类事物发展中起引领作用，具有先进的品位。

因此，在同一时代中，质效管理能够不断激发出不同行业和组织的创新活力，使创新成为时代发展主动力和主旋律。

质效品位先进性是重要特征，它从发展的角度看质效，说明质效并非一成不变，过去有质效的事物，因时代发展也可能成为拖住整体质效后腿的事物。

因此，应当永远保持质效创新的活力，与时俱进，坚持以发展的眼光和动态的标准促进质效不断提升。

第二章

讲求"质效"为幸福开源

质效通论

第一节 秉承宇宙精神 坚持以人为本

一、人类是物质和精神的结合体

质效是以人为本和宇宙精神的反映。

哲学上说万物皆有灵，人类作为宇宙中最为神奇的客观存在，一方面有机体是物质现象，另一方面思维又是精神现象，是两者的有机结合体，天然连接着物质世界和精神世界，因此，我们完全有理由说人类就是宇宙精神承载之体和表达的形式，堪称万物之灵。

再者，地球是宇宙中太阳系里的一颗行星，但它并非孤立存在，地球上的生命与生灵，不仅要以地球本身作为存在条件，还要以星系和宇宙规律作为存在条件，所以人类和宇宙之间、人的精神与宇宙精神之间是相互融通的关系。在无限的宇宙之中，人类既渺小而又异常伟大。

从人类与宇宙不可分离的关系可以看出，人类的存在对于宇宙世界来说也是极为稀奇和宝贵的，维护人类的健康和可持续发展，确保生生不息，不仅是人类自然繁衍的需要，同时也是宇宙中物质世界和精神世界共同发展、和谐共存、交相辉映的内在要求。所以说，坚持以人为本，促进人与大自然和谐共生，既是人道，也是天道。

二、质效是以人为本的反映

在"质效"这一概念中，质是前提，也是本源，代表包括人类在内一切事物的本体和存在基础。一方面，它突出强调宇宙世界的真实面目和原生存在的根本性；另一方面，从人类自身存在和发展需要来说，质所强调的是人类本体、本质和本能的要求及反映，而效所指的就是质所对应的事物逐渐发展和有序更替的良性循环状态。它是事物的本体和原生的需要与外在环境条件的相互作用、相得益彰的发展状态与具体表现。由此可见，质效就是以人为本的内在要求和普遍反映的概念，是立足于人类需要，对宇宙世界和精神变化的有关评价及价值反映。

总之，质效既反映人类的本源本质本性，也反映人类的发展变化，是宇宙中物质与精神有机结合能动作用的体现，是人对事物的发展趋势与状态的期待和对精神世界的渴望。随着科学技术的不断发展，质效与宇宙万物相联系的维度更加宽广。讲求质效是遵循宇宙规律、秉承宇宙精神的要求，不仅是为了顺应自然规律与社会规律，追求事物发展相对于人类的理想状态，也是为了增强人类幸福根本源泉的需要。

第二节　把握"变与不变"规律

一、认识事物发展中变与不变的"二重奏"

"质效"这一理念，很好地诠释了事物变与不变的内在关系，预示着事物发展"变与不变""变而不变""变且不变"的内在规律和要求。

一方面，任何事物都处于不断运动、变化和发展之中。事物的运动、变化和发展对其本身和其他事物所起的作用也就是"效"。"效"具有多样性和复杂性，或发散性，有主体的和非主体的，有主流的和非主流的，有符合本质规定的和违反本质规定的。

另一方面，任何事物都具有本质属性，质是不同事物之间的根本区别，它又必须具有相对稳定性的特征，这种质的稳定性为人们认识事物和促进事物发展提供了很好的便利条件。

二、促进质效一致和整体提升

质效所揭示的事物发展变化规律，正是这种"变而不变"的必然趋势，是指事物根本属性的稳定发展或整体提升，这种发展变化表现为事物主体的发展和变化的主流，当然在主体和主流的发展带动下，非主体和非主流的发展变化势所必然，这也属于质效变化。

比如，人类社会是不断发展变化的，但人类的主体地位和人民的中心地位在发展中需要得到不断巩固，这样的格局是不能改变的。在发展变化中人类整体的福祉必须不断得到增进。如果在社会不断发展的过程中，人与人的关系越来越恶化，人的主体地位受到挑战并因而改变，那就谈不上质效社会了。这个世界不管怎么变，唯有人性是永远不变的。人性并非所假设的"经济人"，更重要的还在于人生价值的"自我实现"。

总之，质效主要强调事物的质的整体提升效果，是质与效的内在统一，是世界上万事万物变而不变的美妙交响。我们要善于认识变而不变的规律，善于在事物发展的大变局中抓住根本，要把握住事物发展的时机，适时促使事物往正确的方向发展，并促进事物质态的整体提升和嬗变。

第三节　讲质效必然有利于固根本

一、质效连着根本

"求木之长者，必固其根本；欲流之远者，必浚其泉源；思国之安者，必积其德义。"之所以强调讲求质效，主要是因为，讲求质效自然有利于固根本，这样能够促进事物在健康的轨道上持续发展，这是质效的特性和核心要求，也是其恒久魅力之所在。

可见，所谓根本是指事物的根源和决定全局的最重要部分。无论什么事物，根本不固都可能半途而废，万丈高楼也会顷刻崩溃。因而只有事物的根本是牢固的，才可能实现固本培元和健康发展。但是在市场经济条件下，人们容易追求眼前的短期利益，容易产生浮躁心理，会盲目追求发展的高速度，甚至以牺牲生态环境和人的生命健康为代价追求所谓的发展，也会为了个人、小集团或局部利益而牺牲全局利益和长远的根本利益。这样的发展显然不可持续。如果任其发展下去势必造成不可逆的风险，对人类的危害将是根本性的。

二、 讲质效从根本上克服短期行为

固根本与讲质效有着必然的联系。质效对所强调的事物从根本上整体向好的发展态势的要求，正是强基固本的需要。因此，从学术上提出和重视"质效"这一概念，是为了树立一种新的思想理念，以求在促进高质量发展中产生有利影响和起到引导作用，以便扭转对一些所谓的工作"成效"的评价和追求，进一步提升全社会对行为价值的认知水平，以求能够从根本上，也就是从骨子里自觉从事促进高质量发展的事业。

在现实生活中，谈质效，论根本，要注意克服行为短期化，得过且过，只求数量、不求质量，一味求快、盲目冒进，浮躁不实、虚化膨胀等问题。同时，也要反对将公权化为私权，反对以个人恩怨和喜好为判断标准来衡量是与非。要反对形式主义和官僚主义，杜绝为"留痕""免责"的做法，抵制"内卷"，反对烦琐主义及摆拍、作秀等拙劣表演。

第四节　认识质效关系　提升工作水平

一、分清整体真正需要

质效关系反映的是人们的工作状况与整体需要之间的内在联系。

这里讲的工作，是一个广泛的概念，包括我们所有的劳动和付出，以及平时人们所讲的事业和业态的范畴。然而，这里讲的需要，并不是一般性的需要，更不是畸形的需要。因为需要是千差万别的，质效中讲的需要，是人类真正的需要，是健康发展的需要，是使命的需要，是增进人类幸福的需要。说到底，这种需要应当是符合人类整体的和根本利益的需要。

说到这里，我们对本书所提质效的"效"有了更明确的认识。从与人们行为的关系上来说，其意思也可以理解为，正是由于人们的工作和劳动的努力付出，推动了事物的发展变化，由此产生对人们整体需要的满足程度。

二、提升工作整体质效

在质效关系中主体一定是人,而人同时也是质效受体,作为的是人,感知的是人,评价的也是人。因此,人为的因素在质效关系中是极具关键性的,但是无论如何也离不开事物的变化和发展,因为事物的变化发展是载体,也可称为客体,它是满足人的整体需要的实体。

通过讲求质效正确认识质效关系,促进人们团结一心,自觉把自己的工作重点和主要精力运用到解决影响和决定人类整体根本利益的主要问题上,做到聚焦主要矛盾,避免时间和精力的浪费,全面提升事物发展的整体质效,满足人类对幸福生活和永续发展的需要。

第五节 弘扬质效精神 强化使命担当

一、质效是一种精神

讲求质效的动因是多方面的,除了物质层面的追求,还有精神层面的追求。

质效是一种精神。质效是人类着眼于整体的、长远的根本利益，秉持正义的事业，如工匠精神，尽心尽力，精益求精之工意、工法和工力的集成，以及智慧的结晶。所以说，质效不仅是人们对于自身工作的质量追求，同时也是一种崇高的精神，有了这种为公的和忘我的精神，就能担当一份促进人类进步事业的使命和责任。

质效精神来自人们对事业的责任认同。由于工作和事业是人们的立身之本，因缘际会，人们各有分工、各尽本职，并且在本职之外还会有其他不同的工事之作。这些工作构成人生的事业，是个人与社会交流和对社会负责的基础。因此，都需要着眼于社会，立足于整体，秉持质效为先的精神，做到工者心中有本念，行中有正义，动中有善因，果中有良效，自觉观大势、护根本、尽义务、担使命，自始至终为促进质效提升而努力奋斗。

二、 发扬质效精神，激励担当

弘扬质效精神是构建人类命运共同体的需要。质效倡导以人类根本利益为主导，促进形成根本利益结合体和健康的利益链，把个人利益和集团利益引入人类共同利益的整体格局之中，并且突出强调以实现整体的作用力和效能为宗旨，因此对人类的共同命运具有广泛的影响和维系作用，是构建人类命运共同体的需要。

弘扬质效精神，强化使命和责任担当，将产生巨大力量。

质效精神蕴藏于人们的灵魂深处，体现在人们的日常工作和生活之中，催化着人们的思想和行为自觉，人人皆可为工匠，涓涓细流汇洪流，将产生巨大的力量源泉。

第六节　修持质效境界　提升人生品位

一、让质效成就人生境界

讲求质效是我们提升思想境界，增强人生觉悟的必要途径。

着力增强自觉性。质效不仅是工作目标的要求，也是从业精神和价值理念的体现。把质效追求上升到精神境界的层面来认识其有利于促进人类持续健康发展。质效追求旨在维护人类整体的根本利益，为了实现永续发展，维系人们的共同福祉，按照质效目标的要求，必须增强自觉性，对事物发展应当作出相应的选择和取舍，尤其在现实生活中对于纯粹为了追逐名利而不择手段的思想和行为，应当自觉放下，当觉醒时则觉醒。

常思常对照自检。人们可以通过突出强调整体质效，借助它来对标对表，常思、常省、常修，以致形成思想行为的自觉，做到在日常工作中不断加以修持，这样可以促使人们在各种不同岗位上尽自己的最大能力，为维护整体的根本利益尽一份责任，担某种使命。平常人具平常心，以正确的利己而利他，以开明的个体挺整体，以不断的周期至永续，将产生源源不绝的巨大正能量。

二、深化对人类共命运的认同

深化对命运休戚与共的认识。如果说在世界经济大萧条时期，人们对"香巴拉"的探索和思考，为的是摆脱经济危机的困境，寻找精神上的解脱，那么在现实生活中，对于如何实现和维护人类根本利益这一问题的方式方法，人们更应该积极大胆想象，以求通过常态和非常态的方法尽可能实现新的突破。

人类命运休戚与共，共同体的理念将嵌入人们的心灵，逐渐成为全球共识。人们将更加坚信全球化是必然趋势，是不可能被人为去掉的。解决人类面临的发展难题，增进根本利益的"密码"，依然潜藏于人类本心之中。

把人类共同利益高高举起。现代社会治理体系的建立将更加突出对根本利益的要求。无论作为关键少数，还是基础多数，都属于社会成员，本质上都属于社会工作者。在社会管理工作中，都要求实现自身利益与维护人类整体的根本利益之间能达到"无二无别"的效果。

总之，工作"质效"在成为人们立身之本的同时，也自然成为人们日常自加修持的真实境界。

第七节　树立科学质效观　正确指导实践

一、认识质效规律

通过讲求质效，不断增强人们的质效意识，促进树立科学的质效观，用以正确指导实践。

所谓质效观，就是人们对事物发展质效的基本看法和评价，这种看法和评价是以事物发展对增进整体和根本利益的程度为依据来加以衡量的。质效观主要有两层含义。一是关于对质效的基本看法，如对质效重要性、特征等的看法。二是对事物的质效评价方法的认识。质效代表着综合的、整体的和长远的发展效应，必然有利于增进人类的根本利益。谈质效自然涉及对事物的评判，涉及对工作质量的选择和取向。

因此，质效实质上是一种价值判断的概念和反映。

这种价值判断方法和价值取向如果为个人或社会广泛接受，并在人们的思想观念中植根，质效观就可能形成了。

二、指导质效实践

促进在人们的行为效果和对事物发展质量的选择，以及作出价值判断中，提倡和逐步树立质效观，这是很有实际意义也很有必要的事业。

　　因为存在不同的利益关系，无论对于边界林立、利益角逐的国际社会，还是存在分歧、文化差异的人类社会，不同人群对整体和根本利益的恪守，具有不够彻底的一面，有的甚至会突破人类道德底线，所以通过倡导树立科学的质效观，对人们的思想行为具有指导作用。同时，也由于人们对事物发展与增进人类共同利益的关系缺乏正确认识，而使工作陷于盲目性，也需要科学的质效观的正确指导。

第三章

质效的内在核心：
维护和增进根本利益

第一节　影响生存与持续发展的根本利益

一、人类利益关系的多样性

工作质效提升对人类社会的积极影响作用是通过人们对维护根本利益的自觉行为来实现的。人的思想和行动必然会受到利益关系的影响和驱使，利益关系具有重要的激励和导向作用。但是，利益关系本身是极为复杂的综合体，个人的和集体的，局部的和全局的，眼前的和长远的，有形的和无形的，根本的和非根本的……应有尽有。此外，各种各样具体的利益表现形式更是难以穷尽。由于不同利益关系的驱使，人们的工作激情、目标和目的也不尽相同，必然具有复杂性和多样性。

万山磅礴必有主峰，龙衮九章但挚一领。在复杂的利益关系中，应当抓住主要矛盾，直击根本利益，用提纲挈领的目标指向凝聚全社会力量。习近平总书记指出，人民对美好生活的向往就是我们的奋斗目标，坚定而明确。代表人民根本利益的国家和政党，应当把发展目标的基点放在增进人民的根本利益上，这是由全心全意为人民服务的根本宗旨所决定的。可见，虽然经济社会的利益具有多样性和复杂性，但是占主导地位的根本利益与利益关系之间是具有本质区别的。

二、根本利益具有潜移默化的决定性影响作用

根本利益指的是对事物自身生存和长远发展，以及对事物整体发展态势，能够起决定性或重大影响作用的利害关系。在利益关系中，根本利益立意最高，影响最为深远，惠及的人最多，起作用的面最广。根本利益影响和决定着利益关系，可是有时根本利益与非根本利益可能相左，但只要站在全局的立场上，从长远看、从整体上看问题，非根本利益需要必须服从于根本利益需要，否则，很可能危害到全局和未来，如若一味执迷不悟，将应验"一失足成千古恨"，会酿成不可逆的大风险。

在利益关系中，根本利益决定和影响人类的生存与发展，其对人类的影响是整体的、长远的。它超越个人，超越集团，甚至超越时空，但其影响作用往往是潜移默化的。但在实际中，人们对事物发展影响到根本利益的感觉并不明显。如生态环境变化状况、重大国计民生的资源变化、气候变化、重大突发疫情，以及新兴科技等，其对于人的全面可持续发展作用，并不是立刻显现，不是立竿见影式的，而且起初对它的负面作用人们很容易忽视，但是这种影响只要到了一定程度，将产生爆发式效应。

追求质效必须牢牢把握根本利益，紧紧围绕根本利益。我们突出强调质效提升，目的就是要通过提高人们对质效重要意

义的认识，不断增进人们的质效自觉，促进人们自觉调整利益关系，实现不断增进人类长远的根本利益，携起手来，共同开创人类美好的未来。

第二节　人类根本利益结合体

一、根本利益的现实矛盾性

讲根本利益一般指人民或人类的根本利益，因为人民是最大多数，指能够反映和代表根本利益的大多数，所以这两者在谈根本利益上应该是相统一的。质效的内在核心之义就是如何通过有效的工作最大限度地实现维护和增进人民的根本利益。

虽然人类的根本利益极为重要，应当占据主导地位，成为工作的主要目标，但是在现实世界里，在特定的环境条件下，根本利益往往会被个体的、局部的和短期的利益所掩盖，甚至淹没。比如，人们出于自身利益和地方利益的考虑，或出于竞争的需要，一味为了实现所谓的快速发展，片面追求 GDP 和税收收入增长等局部利益，而根本不顾自然资源和生态环境的承受能力，不惜以牺牲人类赖以生存的自然生态环境为代价来发展经济。这样的事情虽已成为过去时，但在局部地方，至今仍有个别企业和少数工作人员把环境保护事业当成损害地方经济发展软环境的障碍来对待，他们不顾国家三令五申，依然我行我素，变相行损人利己和损根利叶之事。

二、根本利益结合体的意义

伟大出自平凡，平凡造就伟大。由于不同人群主体的客观存在，存在利益差别势所必然。在经济社会发展过程中，人类的根本利益不是抽象存在，也不可能孤立存在，而总是与不同地区、不同人群的具体利益结合在一起。这就产生了人类根本利益与普通各种人群利益结成结合体的问题。也就是说，人类的根本利益既是抽象的，又是具体的，它总是与具体的利益结合在一起，并通过最大多数人的具体利益来体现。这就是人类根本利益结合体的第一层含义，或称为基本含义。

同时，人类根本利益本身结构不是单一的，它是由人类生存和发展所需要的一系列因素相结合而成的。比如，人们的生存和发展需求有很多，有环境保护需要、生命健康和安全需要、生活幸福感需要、全面发展需要。这些都是根本利益结合体中的需要，因此都是根本利益需要。根本利益由反映人类需求的多方面因素相互结合而成。这就是人类根本利益结合体的第二层含义。

此外，人类根本利益结合体的意义还表示，尽管不同层面和不同群体的根本利益表现不一样，但是它们均不失为人类根本利益的组成单元或细胞，都是不可或缺的。也就是说，人类根本利益是一个整体，不能有任何缺失和缺位。比如，一个社会中有精英阶层，必有弱势群体；有占人口大多数的人种和族群，必有不占人口优势的少数族裔；有占主导地位的外来移民，必有被边缘化了的原居民，等等。不同群体经济实力不同，历史传统不同，文化习俗不同，受教育的机会和背景不同，社会地位不同，自身生存和发展能力也有大小，但是从根本上看都是利益相一致的整体和结合体。

人类根本利益结合体是现实存在的，我们探索人类根本利益结合体的实际概念和基本特征，对于准确理解什么是人类根本利益，牢牢把握住质效的根本性，做到从具体或平凡的工作出发，不断树立起为人类谋幸福的理想情怀和信念，坚定扎实推动整体质效提升，显得尤为重要。

第三节　以人类根本利益为主导

一、 人类根本利益的"五大要素"

做到坚持以人类根本利益为主导，必须明确人类根本利益的基本要素是什么。

围绕人类生存和发展需要的本质来分析，根据物质与精神相结合的特性看，从整体和根本上说，人类根本利益主要有以下五个方面,也可称为构成人类根本利益并需要长期加以维护的"五大基本要素"。

一是整体宜居的自然环境和生态环境。(非局部环境)

二是确保做人尊严的人文和社会环境。(含社会制度、国家体制、法治和道德环境等)

三是维护公平正义的整体实力。(经济实力、组织力量、科技实力等)

四是愉悦健康人身心并激发人的潜能的核心精神。(价值理念、幸福观)

五是不断满足人的全面发展需要的创新力。(深化改革和科技发展能力)

这五个方面各有意义,相互联系,共同构成反映人类生存和永续发展的基本条件,应当与时俱进,结合每个时期的现状和特点,不断得到必要更新和有效维护。

二、 人类根本利益的主导作用

按照人类根本利益结合体的特征分析,人类的根本利益不是孤立存在的,必然要与一般利益相结合。这说明人类根本利益并不排斥一般利益,完全可以与一般利益相融合。但是,在利益结合体和利益链中,必须实现以人类根本利益为主导和导向的地位不变。否则,一旦经济社会利益与人类根本利益相剥离,或集团和局部利益盖过了根本利益,其后果将使人类失去生存和持续发展之根本，必然会产生不可逆的巨大风险。

所以，在现实社会中利益表现纷繁复杂，但都存在于人类社会利益的结合体和利益链中，只要坚持以人类的根本利益为主导，适时调整好各种利益关系，就能在各种利益交错的演进过程中，实现不断增进人类根本的、整体的和长远的利益，促进人类的健康永续发展。

这正是质效研究和质效提升的根本目的所在。

第四节　树立以根本利益为主导的社会意识

一、促进形成维护根本利益的社会自觉

全面提升工作质效，有效维护人类根本利益的首要任务必须增强全社会共识。没有共识就没有自觉，没有自觉就没有坚持，也就缺少了原生动力的源泉。

正因为人类根本利益关系是复杂的结合体，根本利益虽然代表人类整体的和长远的利害关系，它属于人类共同拥有的核心利益关系，但是根本利益必然要与一般利益关系有机结合，所以需要也便于不同民族、不同国家、不同群体自觉加以调整和共同维护。

我国关于构建人类命运共同体的理念和倡议，正是基于维

护人类根本利益的需要，因此也是质效提升的内在要求和典型表现形式。从长远和发展的眼光看，这一理念必然会被全世界所有正义的力量所接受。也就是说，在全世界范围内，必将最终形成维护人类根本利益的最大自觉，人类命运共同体属于全世界的共性需求，必将成为地球公民人人向往的社会理想和精神家园。

提倡以人类根本利益为主导，并不是否认个人利益、集团利益和局部利益的客观存在性，而是为了突出强调，人们在面临利益相冲突，必须作出选择的时候，要能够自觉加以调整，使自己所追求的目标利益符合人类根本利益的需要，坚守的底线是要注意做到不与根本利益相违背和冲突。

二、引导社会对利益关系的正确道德审视

坚持对维护和增进根本利益关系的社会评判和个人自检相结合，促进增强对利益追求道德审视的自觉性，客观上能形成对随意践踏人类根本利益，吃子孙饭、断子孙路的行为，人人喊打、令其无处逃遁的社会道德环境。全社会共同的道德审视，其威力是无形的，是长远的和巨大的。

运用好社会道德审视的结果，正确引导开展社会道德审视，使维护人类根本利益的自觉意识真正成为嵌入民族和人民灵魂的荣辱观，时时和事事审问自己的思想和行为是否符合人类根本利益的方向，下意识真正做到自觉调适，才能从根本上

铲除滋生背离人类根本利益行为的土壤，做到从根本上有效维护和不断增进人类根本利益，为质效整体提升奠定牢固社会根基。

第五节　正视人类根本利益的社会现实性

一、人类根本利益的现实性

人类根本利益的现实性是指其现实存在性和违背它的现实危害性。根本利益现实性原理包含两方面含义。

一是指客观现实存在，因为根本利益是整体和长远的利益关系，不是表现为直接的现实利益关系，人们往往会不自觉忽视它的存在，或者为了短期利益而有意无视它的存在。因此，为了有效维护根本利益必须突出强调它的现实存在性，时刻提醒自己一切工作都要围绕根本利益来展开，务必自觉坚持根本利益的主导地位和影响作用，促使利益结合体的正常健康发展，实现工作整体质效提升。

二是指在利益结合体中，如果根本利益的主导地位和影响作用长期遭到忽视和损害，必然在现实生活中遭到报应，一定会有现实的危险和危机出现，或者会产生现实的风险。老祖宗说，人无远虑必有近忧，为了避免遭受灭顶之灾，就必须从日常的一点一滴注意开始,从眼前的每一件事注意开始,只有克服浮躁和短视,一心一意为根本利益添枝加彩,才能收到事半功倍的效果。

人类根本利益现实性的原理告诉我们,根本利益是客观存在的,任何违背根本利益的行为都是不可取的,俗话说"不是不报,只是时候未到"而已。

二、从新冠肺炎疫情看根本利益现实性

人类根本利益虽然带有整体性和抽象性,似乎离每个人很远,但并非看不见、摸不着,有时甚至表现得十分现实和具体,并且与每个人的活动息息相关。这一点在抗击新冠肺炎疫情的"武汉保卫战"及"湖北保卫战"中表现得淋漓尽致。

2020年3月14日,澎湃新闻进行标题为《人类史上最大隔离:武汉封城紧急响应让中国少感染七十万人》的报道。该报道称武汉封城作为人类历史上最大的隔离事件,叠加各地的紧急响应措施,让中国新冠肺炎感染者减少了七十多万人,对疫情的遏制起到了至关重要的作用。以上结果来自15家全球顶级研究机构的建模分析。当地时间3月10日,预印本平台medRxiv在线发表了来自中国、美国和英国的22位科学家联合完成的研究"中国COVID-19疫情暴发的最初50天内传播控制措施的作用"。他们指出,为控制疫情,中国疫情大暴发中心武汉于1月23日开始实施出行禁令,全国各地陆续启动

了紧急应对重大突发公共卫生事件一级响应措施。根据病例报告、人类活动和公共卫生干预等综合数据,他们评估了这些措施对 COVID-19 传播和控制的影响。

2020年9月8日,习近平总书记在全国抗击新冠肺炎疫情表彰大会上的讲话指出,新冠肺炎疫情是百年来全球发生的最严重的传染病大流行,是新中国成立以来我国遭遇的传播速度最快、感染范围最广、防控难度最大的重大突发公共卫生事件。我们坚持人民至上、生命至上,用1个多月的时间初步遏制疫情蔓延势头,用2个月左右的时间将本土每日新增病例控制在个位数以内,用3个月左右的时间取得"武汉保卫战""湖北保卫战"的决定性成果,进而又接连打了几场局部地区聚集性疫情歼灭战,夺取了全国抗疫斗争重大战略成果。一方有难,八方支援。我们举全国之力实施规模空前的生命大救援,用10多天时间先后建成火神山医院和雷神山医院、大规模改建16座方舱医院、迅速开辟600多个集中隔离点,19个省区市对口帮扶除武汉以外的16个市州,最优秀的人员、最急需的资源、最先进的设备千里驰援,在最短时间内实现了医疗资源和物资供应从紧缺向动态平衡的跨越式提升。

第四章

质效的根本问题：质量安全

质效通论

无论是质效研究,还是质效提升,都将涉及质效的根本问题——质量安全问题。这一问题之所以带有根本性,因为它是人类自身发展过程中带来的问题,是人类不懈追求财富增长必然产生的问题,同时它也是导致质效衰减的症结所在,这一根本性问题不能有效加以解决,人类将面临失去生存和发展根本的风险。

第一节　质效与人类需求相联系

一、人类生存和发展需要的对立统一

质效与人类的根本利益紧密相连,必须与人类需求相一致,质效的根本问题也与人类的根本需求密切相关。人类最具根本性的共性需求问题是什么?一是生存问题。凡是与维持生命有机体的健康存在有关的东西,都属于生存需要。比如,阳光、空气、水、食物,以及基本生活用品,等等。二是发展问题。人们吃饱喝足睡够之后,自然就产生了提升生活水平、改善生产条件、增强自身素养和满足精神享受等需要。这两个问题其实是一个问题的两个方面,或者说是互为因果的关系。

但是,生存和发展在需要上是不相同的,满足需要到了一定的程度后，将出现矛盾。但从长远看，两者的矛盾并非绝对对立，两者完全可以实现在更高水平上的有机统一。当生存需要和发展需要及其满足方式在高档位上实现相统一时，人类将渐入最佳的状态。

二、 质量安全需求及决定性影响

决定人类生存和发展相统一的关键因素不在于发展外部，而在于生存与发展本身，它就是对事物生存和发展起决定性影响作用的质量安全问题，也就是以质量为前提和追求的安全，或以安全为底线和保障的质量。

安全当然很重要，少了安全，一切归零。

但是安全不是停滞不前的。追求质量，满足人们更高、更好的需要，是永恒的主题。而且，人们希望需求得到更好的满足，也不是没有底线，应当是在安全得到保障的前提下进行，因此，安全始终是贯穿质量追求全过程的主线。

人们对更高层次上的安全需求，即是质量需求。

以上这种关系看似有点绕，但不难理解。也就是说，在现实生活中，质量和安全实际上是统一的，具有内在统一性，原因很简单：如果说没有质量，安全就会失去前提和方向，但是如果没有对安全的基本要求或底线，失去了基本保障，就更谈不上质量。

因此，安全也就成了人们对质量的最基本需求。

质量安全是相统一的，统一于人们的经济社会活动。因为质量安全需求是人类的共性需求，因此，在全世界、在国际社会上，要有制度和规则来保护它。

大家知道，世界贸易组织及规则就是理想的平台和方式。各成员方通过谈判达成协议和规则，实现公平贸易，以获取满足自身发展的资源和市场，效率和效益都不错。

但是现在，这一体系显然正在被人为破坏着。破坏它的也正是它的倡导者。那么，为什么会有这种出尔反尔的行为和结果呢？主要是私利在作怪，显然，一些成员方已将局部利益绝对化。再者，就是受一些国家政客政治的不良影响。

三、 质量安全问题不可避免

作者对质量安全问题的关注和研究已经有一段时间了，在2021年又有了一些新认识。无疑质量安全是现实问题，不仅具有普遍性和长期性，而且与每个人的生产生活息息相关，质量安全问题可以说是人类共同面临的长久的问题。

然而，对于"质量安全"的含义，却有不同的理解。最为常见的就是"与质量相联系的安全"。但是，质量是什么，联系在哪里，安全的风险是如何产生的，目前还未见明确解释。说明学术界对此还未引起足够重视，于是，对质量安全的风险防控也不可能做到很深入、很系统。

笔者理解，质量是万事万物更好地满足人们需求的功能属性，对质量的追求是人类本能，也受利益驱动，而且追求质量提升的方法很多，比如，创新、革新、改革、革命……，归根结底都蕴含着对质量提升的追求。

人类追求更加美好的生活，即是对质量提升追求的综合反映，它归根结底也是人类的本能需求，然而正是人类的好奇心和本能的驱使，或是受经济利益和政治利益的影响，对质量的追求永无止境，并且实际方式方法是难以限制的，甚至一发不可收。

而与此同时，这一切改变和变化即便出发点是好的，也难免会带来各种各样难以预料的负面效应，有些甚至会给人类自身生命健康和安全带来巨大风险和不确定性。可以说发展变化越大，越是追求高质量发展，不确定性也可能越大，潜在风险可能与发展本身成正比，这就是质量安全问题和质量安全风险产生的内在逻辑和机理。

可见，质量安全是发展中的问题，是追求质量满足中的安全风险和问题。

第二节　质效与质量的内在关系

一、质效是从本质上、宏观上动态地来看质量发展

在加强质效的研究分析过程中，人们自然会提出质效与质

量的关系问题。而且对概念的理解，人们最容易望文生义。质效难道不就是质量和效益的组合词吗？

因为对于质量和效益，人们并不陌生。

不解的是，为什么要专门提出"质效"这一概念。这里的"质"与"质量"、"效"与"效益"，有什么区别和联系，"质效"与"质量"，以及"效益"之间是什么关系？概念一旦不清，理论就会陷入混乱。

准确的理解是：

这里讲的"质效"，是指从本质上动态看质量发展，看质量发展变化所带来的本质影响作用和提升情况，因此，它不是完全脱离平常所讲的质量和效益，可以说它是涵盖了质量和效益的所有内涵与外延的。如果不说明这一点，质效研究就失去了活生生的基础。这样定位是立足现实、针对现实问题的表现和需要。因为我们对质效问题的研究和分析，确实是建立在质量和效益相统一的现实基础之上的，这是最基本的。

但是，与此同时，"质效"这一概念，显然不能囿于静态的和具体的质量和效益，而是超越于具体事物的质量和特定对象的效益。"质效"这一概念所针对的是事物的根本性和普遍性，是万事万物所具有的共性的质量和效益。

可见对于"质效"理论来说，其所倡导的质量和效益是人类的共性要求，反映的是人类整体的期盼和愿望，而不是特定范围或某一具体产品所具有的特殊的，并且受到局部和个人利益所局限和制约的那种质量与效益。

因此，质效不是对质量与效益具体的直接反映，而是对质量与效益发展所具有的人类本质的概括和反映。

二、从经济社会意义看"质量"

如前所述，质效是对质量和效益的人类本质或本性的反映，质效与质量密切相关，因此，有必要就质量的含义和意义进行深入的分析。

关于"质量"的说法众说纷纭，物理学、地理学、哲学等门类的阐述都不一样。在 ISO 质量管理体系中表述的质量，指一组固有特性满足要求的程度，也可以看作是产品和服务满足顾客需求的能力。这些表述，当然各得其所、各有作用，但是从经济高质量发展阶段的特征来说，对质量概念的片面理解满足不了实践发展的现实需要。

就连美国现代质量管理的领军人物朱兰也认为，质量是一种合用性，即产品在使用期间能满足使用者的要求。虽然他提出，21 世纪是质量世纪，但是其对质量概念的理解，依然更多地停留在产品质量上，并且受到商业竞争等领域的局限。

进入高质量发展新阶段，适应新形势发展需要，亟待质量理论概念的突破和创新。2013 年 3 月，笔者在中国质检出版社出版的《论质量安全型经济》一书，从分析质量的经济属性开始，提出"质量是指一般事物所具有的共同属性"，"着重探讨作为事物所共同具有的,并且与人的一般和正常需求相关的共同属性"。明确指出,从本质上看,质量的真正意义在于能够"更好地满足人们的需求"。以此为基础,揭示了"质量经济定律",阐述了经济社会发展的"质量安全规律",促进对质量的研究进入新的境界。

从经济社会发展上看质量,质量就是指万事万物更好地满足人类生存和发展需要的共同属性。笔者在《论质量安全型经济》中说明,质量没有最好、只有更好的道理。因为质量的发展是动态的,所以,人类对符合自身持续发展需要的质量的追求永无止境。这些与高质量发展的实践对理论创新的需要,要求从概念和发展理论上,对质量加以新的诠释是相吻合的。

因此,从经济社会发展意义上看质量,对质量概念进行科学定义,具有重要的现实意义和理论意义。

三、 质量是事物与人的需求的结合

质量是以人为本的基点和体现,同时也是新时代的聚焦点。本书所研究的质效,确切地说,可以理解为质量的外化、实践和发展,因此也可以理解为它是属于管理和落实的层面的要求。

所以,研究质效不能绕开质量。只有通过剖析质量,才能洞察质效之根本。

质量具有客观性、主观性,以及抽象性,也具有历史性和

现实性等多重特征,但是最重要的,也最为根本的是它能够体现人性,反映作为主体的人的需求。

一方面,质量是事物所固有的,谈质量不能离开事物,也离不开事物。无论是有形的事物,还是无形的事物,大到宇宙空间,小到具体物品,只要与人的活动相联系的,客观上都具有更好地满足人的需求的属性,都属于质量指向的事物。

另一方面,在质量关系形成和质量发展过程中,人的需求是占主导地位的。之所以这样说,主要有两方面原因。一是质量的存在、评价的好坏及高低都受主体人的影响。主要看人的需求层次和主观评价如何。二是影响质量发展的动力主要来自人的需求的变化和发展。人的欲望存在是促进质量逐渐发展的最原始的推动力。

可见,质量一方面反映客观事物的特征和特性,另一方面反映人类的需求,质量本质上是事物与人的需求的结合。质量所反映的关系,是事物对人的生存和发展的价值评价关系。

四、从质量形态看质效管理

按照"主体需要—质量—质效"的逻辑路线,通过分析质量的不同形态,不仅可以加深对质量根本属性的理解,而且可以更加清楚地掌握加强质效管理的途径。

质量形态是质量的外在表现形式。有一般表现和特殊表现之别,前者以国际条约和法律制度及道德规范,以及价值和市场价格等形式体现,后者以特殊群体和个体的喜好与支付方式来体现。

按照不同事物的载体,划分为"物质产品的质量"和"精神产品的质量",或者产品质量、工程质量、服务质量,或者经济质量、环境质量、生活质量、管理质量等。也可按事物的特性,划分为有形质量和无形质量。前者如产品和工程,后者如管理和服务等。

质量的形态随生产技术和人类需求的变化而发展。在具体形态的变化发展中,不断提升质量的品质,也为质效管理创新不断提出新的需求和变化发展方向。

五、"质量经济定律"的意义

《论质量安全型经济》一书阐述了"质量经济定律"的基本内涵。

从满足人们需求的共性来看,质量和经济似乎没有区别,两者只是要求不同。正因如此,从实现过程看,经济与质量不是分开的两个过程,而是结合在一起的同一个过程。质量的提升自然处于经济发展过程之中,这是质量和经济不可分割的内在联系,是质量经济或经济质量存在的理由。

但是,质量与经济毕竟有所不同。质量本身的性质决定,它是事物更好地满足人们需求的属性,经济的任何活动和结果当然无不属于事物的范畴。统一性在此,差异性也在此。因为经济活动和结果会出意外，特别是经济货币化或金融化以后，经济的运行和结果，有时与人们的需要渐行渐远，会产生泡沫经济、一味追求速度、破坏环境等与人类要求不相适应的结果。但是，这些行为和结果由于不符合人们的根本利益，最终会遭到唾弃，人类终将纠正自身的经济行为，从经济总过程或从长远来看，终将会按质量原则运行，总趋势会达到质量提升的效果，这是不可抗拒的质量经济定律。

这个趋势的实现，是自然历史过程，其间免不了经历比例失调、产能过剩、环境污染、贫富不均等问题，需要通过转变经济发展方式、去产能、供给侧结构性改革等进行调整。最后实现高质量发展，依靠的力量是：一方面，是经济内在的和本质的原生创新驱动力量；另一方面，是经济活动参与者的"集体理性"行为使然。

质量经济定律揭示出经济发展的内在本质和规律，有助于我们自觉把质量提升作为经济发展的目的，也会更加重视坚持以人为本和以人民为中心的发展观。

第三节　安全是质量之要　质效之本

一、安全对质效与质量均"一票否决"

在对质量和质效的考察中，不能不考虑安全因素。

因为安全是人们一切活动的最基本要求,也是事物质量属性中最基本的要素。安全,无论是对于质量,还是对于质效,都是"一票否决"。

在实践中,安全意味着人最宝贵的生命和健康不会受到外在因素的侵害。安全要求反映的是人们最切身的利益关系,体现的是人的价值和尊严。在《论质量安全型经济》一书中,笔者将安全视为不可违背的经济准则和最基本的保障线。

安全问题的表现形式是现实中所存在的风险和隐患。从质量和质效的研究上看,其安全的关注点更注重于潜在的风险和隐患。"安全—风险—隐患"相互转化、互为因果,其中安全是根本要求,风险是安全的主要问题,隐患则是风险的根源。从某种意义上说,之所以要重视质量和质效,就是为了从根本上防范风险和消除隐患。因为隐患险于明火,风险则是普遍存在的。重视质量,加强质效管理,虽然不可能彻底消除风险,但是能够有效防范和化解风险。

可见,安全不一定代表质量,但是质量必须代表安全。加强质效管理,无疑要把维护安全需要作为根本前提。

二、 安全体现人的价值与尊严

在浩瀚宇宙,人类的生息不仅最为稀奇,而且也最为神奇。人的个体力量很小,生命有限,但是人类和谐,不断延续,整体力量无穷。

人类是宇宙之灵，是宇宙精神的寄托及表达的载体。

古人相信，万物有灵，可以理解不同物质的灵性存在的方式是不一样的。那么，也可以将人类理解为万物之灵的集合体，人的思想灵魂是宇宙精神的集中反映。因为，想象中的地外生命，依然存在于我们的想象之中，也可能将永远成为人类的美好愿景。

所以，人类无论是个体，还是整体，健康存在，永续发展，即是真理。对于维护人类健康安全和生命安全的正念与行为，都是神圣的事业，应当被看作是天然地赋予我们每个人的使命和责任。

随着经济社会的发展，现代科学技术和文明的发展进步，以人为本的理念深入人心。人的生命健康更加珍贵，人类更加珍爱生命，更加重视关系自身生存和持续发展的质量安全这一根本问题。

三、安全与经济技术的"非对称性"

经济技术的快速发展，能给人们带来丰富的物质享受和巨大的经济利益，这一点人们体会深刻。但是，对于经济技术快速发展给人类生存和可持续发展造成的负面效应，人们未必会感同身受。因为前者能短期见效，常常伴随眼前的个体的或局部的利益，后者问题突显则需要长期，并需要从整体效应上才会感觉得到；前者可以带来暂时享受，后者可能造成长期危害。这说明，经济技术发展与安全发展之间的不对称性是客观存在的。

造成经济技术与安全之间产生"非对称性"的主要原因：

一方面，由于经济技术本身的特性使然。经济技术的发展意味着物质结构和资源配置方式方法的改变，以及人的欲望和需求关注点的变化，并且会受到市场机制的影响，发展越发不可收。但是，这种变化具有两面性，机遇和风险共存，变好与变坏的可能性都是客观存在的，甚至就像一把"双刃剑"。

另一方面，推动和掌握经济技术发展的社会主体是极为复杂的群体，不同的人和不同的经济社会组织，其不同动机和目的相互交织，甚至互相角力。过程中有时理性占主导地位，有时也可能为非理性所主导和左右，经济技术发展所产生的结果自然会不一样。

安全和经济技术发展的"非对称性"告诉人们，经济技术的发展不能盲目求快，不能贪多，必须要统筹考虑安全和发展的要求，务必选择安全的发展模式，始终坚持理性和规范化的科学发展。

四、与质量相联系的安全带根本性

质量与安全的统一性，是由人们的共同需求所决定的。它不在于人们的需求之外，而是人们对事物的内在、必然的和根本性需求，以及事物能够更好地满足这些需求的共同属性。

从概念的内涵与逻辑关系上理解，如前所述，既然质量已经包含了安全，那么为什么还要把"质量安全"放到一起，作为一个独立词汇呢？

这是因为，虽然质量是质量，安全是安全，但是两者存在交叉关系。交叉重叠的关系，我们称之为"质量安全"。因此，将质量安全作为一个独立完整的词汇，其意义是不一样的，内涵也是有特指的。质量安全是指与质量相联系的安全。质量安全的含义也表示人们自身的根本需求在不断满足过程中的安全问题。

质量安全与人们的生命健康相联系，与人类整体利益相联系，与人类的永续发展状态相联系，因此，对于事物来说，它具有根本性、普遍性和共性特征。

质量安全对人们的影响往往是长期的和具有根本性的。而且就个体来说，质量安全问题很可能看不出来，或者至少在短期内看不出来。因为质量安全问题往往是隐性的，而它一旦显性化了，不仅克服起来难度较大，而且甚至可能是不可逆的。

第四节　认识和把握质量安全规律

一、认识质量安全规律的意义

笔者在《论质量安全型经济》一书中阐述了质量安全规律

的内容和意义，分析了经济发展与质量安全水平提升的必然联系，以及经济发展与质量安全相背离的可能性与现实性，提倡大力发展质量安全型经济。质量安全规律的分析受到我国著名经济学家、"人民教育家"卫兴华教授等的重视和肯定，并且在发展的现实中也得到了印证。

认识经济社会发展的质量安全规律具有重要意义。卫兴华教授说，把质量安全与经济社会发展紧密联系起来，开展对这一问题的基础性研究，着重分析两者的内在联系，揭示经济社会发展的质量安全规律，这对于促进我国经济科学发展，乃至对世界经济的健康发展，都具有现实指导意义和理论借鉴意义。

笔者认为，具体有以下几个方面的意义：

它可以帮助我们充分认识在经济社会发展演变过程中，必须注重人的主体地位，坚持以更好地满足人们的需要为目标，尤其是不能忽视安全的需求。

它可以帮助我们更加明白，人类根本利益在动态中如何才能得到有效维护。人们往往会忽略根本利益的存在，也会认为事不关己高高挂起，对根本利益视而不见是极其危险的。

它可以警示我们要注意防范和化解个别产品的风险演变成全局性的和系统性的风险。在市场经济下，产品都是成批量生产的，并且形成产业链，个别产品和行业的风险也会波及全社会。

它可以帮助我们认清技术创新和制度创新中的底线思维。质量安全必须从源头抓起，而技术创新和制度创新就是源头。

它同时也提供并深化了对经济社会发展成败得失的评价标准。为什么不能以 GDP 论英雄，其中最重要的就是考虑质量安全问题。

总之，通过认识和掌握质量安全规律，能够帮助我们有效地防范化解质量安全风险，提升经济社会发展整体质效。

二、防范质量安全风险

人类为了追求自身需求的更好满足，必然激发最大潜能，重组各种物质和资源，特别是在市场竞争机制的驱使下，往往提前透支，超负荷运转，因此容易突破质量安全底线，产生巨大的质量安全风险，酿成全局性、区域性和系统性的质量安全问题，这样的发展反过来会给人类自身造成巨大伤害。

质量安全风险的存在与能否有效克服，为加强质效管理提出了客观要求，也为质效管理规定了最重要的任务。质量安全风险既是质效管理的问题指向，也是质效管理的基本任务。

针对质量安全风险的管理要求，要牢固树立质量安全风险意识，坚持以防范化解质量安全风险为根本要求。

在管理制度设计和生产技术革新时，做到把人的生命健康安全放在第一位；健全风险分析和研判及处置机制，坚持对生产经营全过程进行风险分析和报告，发现问题早预警、早决策、早处置；采取正确的质效评价方法，以生产经营的过程和结果对整体利益和根本利益的增进为价值判断标准，对市场和管理主体进行质效状况的综合考核与评价。

第五章

以提升整体质效为工作目标

质效通论

质效与事物离不开，与人们的工作也离不开。在工作中，人们正是通过自身的努力，促进事物从根本上整体向好发展，以便更好地满足人们的根本利益要求，因此，质效提升的目标应着眼于整体，需实现从个人质效到整体质效的飞跃。

第一节　质效的本义在于整体性

一、整体优于个体的原则要求

"质效"一词具有特定含义，并且是客观存在的，作为独立词在报纸杂志和一些新媒体也有散见，已逐渐被人们所接受，但是对它的系统性研究尚未展开，理论界对其基本原则及意义更未加以规范。

前面已全面阐述了"质效"一词的概念，然而，在日常工作中，我们讲"整体质效"会更加通俗易懂一些，实际上也有利于凸显质效的整体性特征。

为什么在质效之前加上"整体"二字，更能说明质效的特性，并且要把"整体优于个体"确定为质效基本原则呢？

这是因为，作为质效最为显著的表象特征就是整体性和综合性。质效的立身之所虽然在于其基于事物的根本性，但是其外在最显著的特性，则强调在于整体，目标在于对整体或对全局的影响力及实际作用。质效提升的目标和目的都在于整体水平的提升。当然个体的提升也很重要，但是讲质效中的个体也是整体中的个体。从质效提升的角度看，一般来说，我们办事情首先要着重从个体、单元及单位着手，但着眼点在于整体，宗旨和目标也在于整体质效提升。整体优于个体无疑成了对质效的基本原则要求。这一原则要求将贯穿从个人质效提升到整体质效，乃至综合质效提升的整个过程。

二、个体是在整体之中寻找定位

在质效提升的实践中，单独的个体质效是存在的，只不过是有时间选择性问题，有的可能长久，有的可能短期，关键是看是否符合整体利益。但是，相对于整体质效提升来说，局部的个体的质效提升相对较为容易，而整体质效提升由于需要系统的配合，难度肯定会大一些。

当然，整体都是由个体和单元有机构成的。因此，充分认识个体与整体的关系，明确个体在整体之中的职能定位极为重要，个体发挥作用不能过强，不能过弱，度是什么？如遇战争或重大竞争时期，什么时候该示强，什么时候该示弱，都应当由整体战略需要而定。质效研究中对于个体的职能要求来说，强调的是要准确定位，恰到好处发挥作用。因此，处理好个体与整体间的关系尤其重要，个体定位正确，整体质效就有了基础。否则，个体容易失控和偏差，整体质效也不可能很好地提升。

由此看来,在日常工作和生活中讲"整体质效"不仅更通俗,而且便于时时刻刻提醒人们,莫忘在整体中找准定位,注意保持和维护好整体和全局的利益,要时时注意顾大局、识大体。

第二节 关于群体的质效提升问题

一、群体是整体的自然形式

2020年2月"质效解秘"微信公众号上线,引起了微友对"质效"这一普遍性问题的极大兴趣。有的微友在阅读和参与点赞的同时,还与作者进行线上交流,谈了自己对这一问题的感想;有的微友还直接致电作者提建议,并就具体观点和内容进行讨论。2020年4月13日,深圳的李先生留言,希望作者答复其提出的个体、群体、整体的质效如何提升的问题。

这是一个很重要的问题,因为涉及质效提升主体的分类。笔者在前文进行分析时,把重点放在个体和整体的对应关系的研究上,而对"群体"这一主体尚未提及。

"群体"的存在是客观的。因为人类是群居的,无论哪个阶层的人抑或整个区域和社会,出现不同的群体是必然的,是很普遍的。群体一般指基于某种机缘自然形成了人群结构。人类可以分成不同类型的群体。一定地域或范围的人们也可以由不同的群体所构成。群体不一定有具体的组织关系，但一定具有某种纽带关系，所以它的结构相当稳定，在质效所强调的整体中，群体属于自然形式，群体的存在说明整体质效具有必然性，群体的力量不可低估，其在人类整体质效的提升过程中具有非常重要的意义。

二、群体的自然质效及社会质效

由于群体具有自然属性和社会属性，所以群体的质效也可相应分为自然质效和社会质效。前者是指群体不受社会因素影响，单纯由群体自然产生的质效。这种情况下完全是自发产生的，以便满足群体的实际利益需要。后者是在群体受到各种社会力量的影响下，在内部结构和外部环境得到改善的情况下的质效状况。

群体的自然质效带有自发性质，理论上无须加以引导，而群体的社会质效则需要加以必要引导。群体是自然形成的，并且发展不可阻挡。实际上群体和自然质效、社会质效是相互联系的，有时没有明确的界限，它们之间甚至可以在特定条件下相互转化。但是，如若放任自由泛滥式的无序发展，将会导致人类的失序，这样的结果质效自然不好。因此，务必要加以引导，促使其朝健康和有序的方向发展。

一方面，依靠内部力量的引导，群体必生领袖，领袖人物的思想和行为对群体的引导作用是至关重要的。群体可大可小，且群体内部的思想理念创新、制度创新，以及科技创新等，是群体兴旺发达、立于不败之地的必要条件。

另一方面，依靠外部力量加以引导。国家法律法规约束等都属于外部力量的引导。通过立法立规行为，对群体的行为加以必要的限制、规范和引导，有利于促进其成为社会发展的正义力量，实现整体质效提升。

第三节　个人质效是社会整体质效的基石

一、个人质效的基石作用

在质效的相关组织阶梯性结构和分布中，个人质效最为基础，分布最为广泛，也最为分散，但个人质效是社会整体质效的基石，也是质效机体结构中的最小细胞。

个人质效既包含个人工作质效，也包含个人生活质效。但是，为了分析的便利和研究重点内容的需要，我们暂时舍弃了个人生活质效，专门就个人工作质效问题进行讨论。

个人工作质效的意义极为重要，不仅仅是个人的立身之本。任何国际治理、国家事务、经济社会发展的活动，都将转化为每个人的具体工作行为，最终分解为个人岗位的职能。而个人对岗位职能的认知，以及履行岗位职责态度、业务的精湛程度等，不仅反映个人的综合禀赋，而且是团队、人群，甚至社会整体素质的反映，无疑将汇聚成为一个国家和民族的综合实力。

不同社会群体的个人工作质效对社会整体质效的影响作用存在差别。精英群体是客观存在的，特别是行业的领军人物，在特殊背景里，他们的个人工作质效甚至对社会整体质效起决定性作用。

比如，在重大疫情态势不明的情况下，院士、专家们的意见和建议，以及战争中高级指挥官的决断力和核心情报人员及时精准的信息等，经常起到扭转局势的作用。

同时，没有个人质效就没有整体质效。

个体力和整体力，是促进事业发展、质效提升和人类进步的两种基本力量，但是整体力是由个体力凝聚而成的。因此，提升整体力的基础在于提升个体力。就此，我们不难理解，着力加强全员教育培训，提高全民族的素质的伟大意义。

就经济发展的动力源泉来说，当下舆论有种说法，认为促进经济发展的三股力量为：公务员积极性的激发、居民收入的增长和企业家的良好预期。可见，这三种力量，都是基于对个人的激励，通过激发个人而作用于整体，力求取得良好效果。

二、保持提升个人质效的高度自觉

虽然质效着眼于整体目标,但是提升个人质效极为重要,需要保持个人的高度自觉。

一是增强对质效目标的认知。要对国家目标和国家意志,以及组织目标和计划做到明白要义,明确重点和方向。

二是培养认真做事、扎实务实的品格。沉得下心,长期努力专心做某件事。

三是下苦功练就本领,提升自身的业务素养。

四是培养与他人积极主动、乐意配合工作的习惯,加强协调、协作的能力。

五是具有创新的意识和精神,不仅要敢为人先,并且要善于坚持。

第四节 每个"单元"都是"质效组合"

一、单元即质效组合

在质效的阶梯性结构分布中,除了个人质效以外,处于基层和基础的就是单元质效。

这里的单元是指组织和机构中的班组、车间、科室、连排等小团队。这类组织形成一个个相对独立的单元,在加强生产经营、加强管理、执行具体任务中发挥巨大作用。

实际上,单元就是质效组合。为什么在个人的基础上,要有单元的组合和存在?道理很简单,就是为了让个人的作用得到更好发挥,通过单元把个人质效组合成为一个小整体,形成团队优势,发挥团队分工协作优势,提升质效,更好地适应人们对管理工作的需要。

当然,单元并非都是处于基层地位,也有的单元(团队)层面很高,甚至属于顶尖团队,如有的科学家个人协作团队等。但是,从组织结构体系来看,它们依然归类于基层、基础。因为,毕竟它们之上,还有更大的组织,领导它们的组织。

从单元的功能作用来看,实质上它们是为了提升质效而存在的组合,可以称为"质效组合"。此外,单元管理所追求的也是质效的得升。

二、 激活单元细胞,优化质效组合

在加强质效管理中,单元的作用被提升到很高、很重要的地位。这不仅在于每一个个人都可以归属到一个单元,单元是个人质效最基本的组合形式,而且还在于,在单元的组织结构中,最容易把每个人的积极性调动起来、创造性激发出来。

单元组织可以说伴随人的一生,从学校班组到单位科室,再到社会的社区，如影随形，挥之不去。

2020年，举国上下一致抗击新冠肺炎疫情，把社会单元的作用发挥得淋漓尽致，激活了社区，提升了质效。基本上做到以村和社区为单位，将居民物理隔离开来，有效地防止交叉感染，同时又能确保生活供应和必要服务，便利了管理。试想如果少了街区的基层、基础作用，那么对于加强社会管理，无异于人体缺了胳膊少了腿。

第五节　单位是质效提升最具弹性的层级

一、单位的自主性

（一）单位与单元具有明显区别

单位与单元不同，单位是独立的主体，通常指具有独立法人资格的组织和机构。而单元则是单位内部相对独立的组织和机构，是不具有对外独立行使职能的组织和机构。当然单位也是分级管理的，一般可分为一级、二级、三级，也有的可分四级等。

比如，国家机构体系中有的垂直管理部门，其总部机关为一级单位、直属机构为二级单位、分支机构为三级单位等。本书中所指的单位，为各级单位的统称，主要表示与单元组织的区别。

（二）单位为质效提升提供了自主创新的载体空间

正因为每个单位都能够依法独立行使权利和义务，具备相当的自主权，除了独立事权之外，还拥有人、财、物配置权，所以，在质效提升过程中完全可以做到根据自身的实际情况，创新工作思路和方法，组织和调配资源，因地制宜、因时制宜地全面促进组织机构职能充分发挥，充分行使自身权利，全面履行应尽义务，从而提升本单位工作的整体质效，对一定范围内的经济社会发展起到积极的作用。

二、努力创造促进单位质效全面提升的充要条件

虽然单位是质效提升的重要载体，其具有弹性，不同单位，由于职能定位不同、思想认识不同、决策情况不同、客观条件不同、工作落实不同，在质效提升上往往参差不齐。那么，如何创造让单位质效全面提升的充要条件呢？

一是解放思想、观念更新。是否秉承先进的思想理念，善于更新全单位上下的思想观念，是必要前提条件。思想观念固化，行动上迈不开步子，难有工作质效。

二是工作目标明确，工作思路清晰。一个单位不是一个人，需要大家凝心聚力，没有科学、正确的目标，难以聚人聚气，步调不一致，上下不同心，难以有好的质效。

三是锻造坚强的团队和队伍。不靠团队，不抓队伍，依靠

个人力量，形不成合力，难有整体质效。

四是有正确适用的评价标准和激励机制。适时开展工作评价，正确引导方向和力量。

五是为工作提供必要保障。必要的人力、财力和物力保障对于质效提升是必不可少的。

第六节　系统的质效：
社会某一领域的整体质效

一、一定社会范围内行业系统的质效

农业、工业、商贸、教育、医疗、信息、科技、军事、外交、海关等社会各系统的分工不同，职能作用不同，但都是社会的有机组成，都是完整社会所不可或缺的。社会中某一系统的质效，反映的是这一领域的整体状况，代表一定社会（国家或地区）在本领域的整体实力水平和功能作用情况。

请注意，这里说的一定社会，这个表述很重要。

本书分析的一定社会包含哪些范围？

社会指的是，在一定行政区域内的社会状况、全社会状况（一般以国家或完全自治地区为界线）、国际社会状况。在这种划分中，为了便于研究，一定社会不宜包括国际社会，因为

国际社会的范围实在太大,主体太多,情况太复杂了。而村镇这一层级,虽然社会性很强,但是行业的系统性不全,可包含在县市一级中,因此,在研究中以县级及以上行政区域为宜。

总之,本书指的"一定社会",主要包括县(市)、市(设区)、省(直辖市),乃至国家(地区)这些区域内的社会状况。"系统"也是指这些区域内的系统和行业。

系统的质效,反映的是本领域和行业的集成或综合质量效应。大凡集成的或综合的效能,其必然有系统性作支持,需要有一个功能完整的体系结构。

从硬件看,即系统所包含的行业实体,或所管理和服务的具体业务、事务和事项;树状结构的系统组织,从主干机构到分支机构体系基本健全;职能功用要齐全,并且相对自成体系,要求从首脑机构、执行机构、技术机构、监督机构,到综合服务和保障机构等,一应俱全。

从软件看,在法治社会,法律层面根据事实的授权是系统存在和发挥作用的根本;制度的约束和保障是系统长期稳定发展的需要;高效运转的工作机制保证系统效能不断适应形势变化;系统文化是长期积淀形成的,是经受岁月磨砺的,反映了人类的智慧之光并具有恒久魅力。

由系统的软硬件相互交织和催化,提升了整体工作质量,产生集成的和综合的社会效应,正是行业系统的整体质效反映。

系统的综合性和集成性，往往由系统综合部门来完成，因此，综合部门承担的工作视野不同，质效影响和决定的分量往往很重。

二、发挥职能作用为整体质效提升提供条线支持

系统质效提升要求，对职能的全面系统进行理解，实现工作的全面性和中心业务凸显的有机结合。

如何进一步提升各系统的质效，在社会治理体系中，需要因时因地考量。

一方面，对系统职能需进行系统理解。对于区域社会和全社会来说，特定系统的事权是独一无二的，而法律法规对系统的授权规定往往无法穷尽，特别是无法随社会的发展变化适时改变。这些情况下，机械的理解、狭隘的把握和呆板的执行，将有可能引起风险，贻误事业和时机，当然遭受问责和处理也势所必然。

另一方面，掌握中心任务和中心业务变与不变的关系。当然系统总是相对稳定的，因此，其管理模式也相对稳定，这当然是好的。但是，这种情况也很可能导致管理思维固化，因而不利于对中心工作业务的动态判断和灵活调整。

由于机构系统均处于社会运转的前沿，本应当随着形势变化和社会发展的需要，秉持系统的根本性质，对工作重心和工作重点及时作出调整，这样方能显出质效的本色。但是，在现实中，往往调整落后于需要。

而在系统内机构之间，也可能为了争取得到更多事权和利益，进行不当竞争，有时也会影响资源的科学正确配置，会形成对系统中心业务和工作的干扰，因而导致系统在提升质效时发生偏差，这种情况需要及时加以纠偏。

第七节　人人参与并享有的社会质效

全局性的社会质效属于质效划分中的最高层级，必然是人人参与并共同享有的整体质效。

一、如何理解"全局"和"社会"的真正意义

社会质效具有全局性，不是指某一方面、某一领域的内部"全局"，而是社会方方面面的综合质量及效应，是由各种系统的行业共同作用所形成的，是大社会的全局。当然，这里讲的社会全局也有层级之分，如一县一市、一省一市的全局社会，也可指一国的全局、大局社会。

为什么说系统和行业内部讲的全局，一般都是指社会的全局、国家的全局，不是强调部门内部自己的小局？因为，毕竟本局本单位内部小局只是代表部门，其所关注的只是部门的整

体性要求而已。然而，所有部门的存在和设立，在本质上都是为了保障和服务社会，不能鼓励自己为自己服务。

但是，一个地域的全局则不仅包罗万象，涵盖方方面面，而且处于最基层的老百姓，他们的利益需要受到必要保障，需要得到各部门、各行业和各方面的有效服务，这才属于真正意义上的"全局"和社会。

总之，真正意义上的全局和社会，应该是人人参与且共同享有的。在这个意义上，也只有代表全国的全局，才具有大局观的实际意义。而各种大行政区划下的社会，因为其包含在全国、全社会的大局中，因而也可以具有全局和大局的意义。而各层面的利益相冲突时，无疑全国性的全局才是真正要维护的大局。由此可见，实际上平时所说的全局，还是分层次的，而大局应当说就只能有一个，那就是整个国家的大局。

二、社会质效是各种因素共同作用的结果，人人参与创造并且实现共享

所谓的社会，是一个各行各业、各个层面的综合整体。所以，从质效的意义来看，社会质效的整体性和综合性是处于顶层的。它实质上是各种因素综合作用的结果，也可以被看作是各种力量凝结而成的人类整体。

由于社会质效是由人人参与和共享的，所以国家理念和制度必须充分保障人人享有平等的参与权和支配权。也就是说，

在创造社会整体质效的过程中，人人都能自由参与，并且应最大限度地调动人们的积极性和主动性。并促使人们自觉地响应国家号召，关键时刻愿意放弃个人或集团利益，无条件服从国家大局的需要。

同时，还必须保证人人享有社会整体质效的平等权利。诸如，当新冠肺炎疫情来临之时，应当由国家统一调配医疗资源，保证每位患者都能享受相应治疗。不能因为有些人因看不起病而延误治疗。显然，如果这样，又会造成新的感染，最终疫情无法控制。

第六章

经济技术质效衰减规律

质效通论

经济与技术密切相连，两者相辅相成，而且经济本身也是一门技术，而自然科学意义上的技术无论从动因还是从效果看，都与经济运行分不开，因此研究质效规律，促进质效提升，必须从经济技术上寻找基础支持和主体的突破。

第一节 "假性需求"使经济质效趋向衰减

一、市场"间接需求"和"假性需求"

质效本质上是对需求的满足。人类需求的满足依赖经济增长，仰仗质量提升，需求变化是经济增长和质量提升的原动力。当今世界市场经济可谓无孔不入，市场化不断深入发展，社会分工和产业发展越来越细密。与自给自足的自然经济和计划经济不同，在市场经济条件下，人类需求主要通过市场需求间接表达，市场需求表现为间接需求。这就产生了市场需求与人类真实需求不相符合的"假性需求"，它掺杂在市场总需求中间，对市场供给具有拉动作用，但是对于人们生产和生活的真实需求来说，又是虚拟的和非真实的，各种需求混合成的市场需求，可谓真假难辨，结果可能误导有限资源的配置和社会财富的分配，会造成资源配置失当，产生不良的负面影响，使得经济的整体质效衰减，甚至出现经济危机，造成严重灾难。

这就是市场经济条件下从"间接需求"到"假性需求"的演变过程。就像"寻找真爱"情感问题里所描述的,"我明明挺喜欢他坏坏的样子,但有时候又特别讨厌他这样""我很矛盾,我很爱她,但我不喜欢她这么黏人。有时又觉得她娇小黏人的样子很可爱"……这些矛盾的心理有一大部分是因为感情的假性需求引起的。可见恋人之间的"矛盾"心理,似乎喜欢而又徒生烦恼。这与市场经济条件下需求的矛盾如出一辙。

二、"假性需求" 是经济质效衰减的重要因素

笔者在《论质量安全型经济》中提出"假性需求"客观存在的问题,指出在市场经济条件下,其是误导经济资源配置和影响经济效益,产生"经济泡沫"的重要原因,是逆质量安全规律的现象。

"假性需求"产生的原因主要是因为市场化、货币化,以及虚拟经济的发展演化,使经济运行严重脱离了主体的真实需要,形成市场炒作和虚假繁荣。市场经济越是发展,市场需求规模越大,假性需求成分也越高。假性需求使挣钱目的和生产经营非对称,严重影响了社会财富的合理分配和正常流动,衍生出商人投机、买空卖空、恶意炒作、债务过重、网贷圈钱和经济欺诈等行为。

克服"假性需求",使经济脱虚向实,还市场需求以真实需要和面目,是加强质效管理的宗旨和现实要求,也是所面临

的较严峻的挑战。

第二节　供需矛盾对经济质效的影响

一、供给与需求平衡是经济质效的基本要求

供需的矛盾自然是经济领域的基本矛盾。从经济学意义上讲，无论是微观层面，还是宏观层面，供给和需求都能够涵盖所有的内容，特别是总供给和总需求的平衡，向来是国民经济发展与宏观调控的主要目标，也是社会经济发展的理想状态。由此可见，供给与需求的关系问题十分重要，对经济质效的状况具有决定性的影响。

正因为供给与需求的平衡关系如此重要，所以供需一直是经济学家、政府管理部门、企业关注的重点问题。可以说，一切经济活动都是围绕供给和需求的平衡来展开的。在市场经济条件下，供给能创造出自己的需求，需求也能创造出自己的供给，供给与需求的关系表现得异常复杂多变，这就给经济管理和经济质效提升带来巨大挑战。因此，经济学家大多把研究供给与需求作为学术基础和重点。在西方经济学史上经常各执一端，争论不休，衍生出了所谓的"供给学派"和"需求管理学派"等不同学术门派，因而导致了在实践中政客们就奉行自

由主义，还是奉行政府干预主义的长期论战与选战。

二、供需关系对经济质效提升的决定性影响作用

在市场机制作用下，供给与需求均处于不断变化发展的过程中。从正面分析，看供需如何决定和影响经济质效提升。

从需求侧看，需求既反映人的本能需要，也反映人的社会需要，总是动态变化发展着的，然而发展的需求从根本上说也是人的本能需要的反映。因为这种需求是人的本能受外在因素刺激激发出来的更大的本能欲望，或是人的本能欲望的延伸和扩大，如果是处于有支付能力的范围内，并且是通过正常的和合法的途径可以获得满足的，那就是有效需求，有效需求是经济长期向好发展的内生动力。所以，从理论上说，如果抛开贫富分化等社会病的因素，有效需求基本上是人的本能的反映，属于人的本质需要的范畴。人的本质需要如果能够得到最大限度的满足，应当理解为经济质效仍然处于提升的过程。

从供给侧看，在市场经济条件下，供给是在现实资源条件下对有效需求的最大限度的满足和回应。实际上供给也反映人的本能和本质。因为需求会产生供给，人在需求上的本能和本质表现会带动供给的变化。而且新的供给又会激发人们的新需求，经济质效就是在供需的变化和平衡关系中不断提升和发展的。

综上所述,供需关系对经济质效的影响主要表现在以下几个方面:

一是它们都是人的本能和本质的反映,是人类整体的和根本的利益的内在和外在综合表现。

二是供需的状况和水平受生产力和技术创新情况的影响,它们会在那个层面上实现平衡,反映不同时期的经济质效水平。从总体上看,科技创新和生产上升时期供需矛盾的解决,意味着整体经济质效的提升。

三是法制社会不支持畸形的和非法的供需,市场经济虽然以盈利为动力,但是法制和质量安全底线都必须恪守,否则经济整体质效将受到损害。

改革开放以来,中国着力发展社会主义市场经济,善于借鉴西方国家宏观管理的经验,着力于促进总供给与总需求的平衡,实现经济长期稳定发展,促进经济质效的不断提升,终于迎来了"中国奇迹"。

三、 供需矛盾对经济质效相对衰减的影响作用

从市场经济发展的实际看,供需矛盾是常态。其对经济质效相对衰减的规律具有决定性的影响作用。

这里所说的质效相对衰减,是指相对于人们的真实需求来说是衰减了,但是从总量扩大的角度看,可能还在扩张。比如,市场经济发展充分的欧美国家,以及一些新兴市场经济国

家，虽然其经济总量超大或较大，但是与民生相关的防疫设施等明显不足。在大疫考验面前，经济技术发展表现得普遍无法满足人民群众卫生健康需要，不能确保人民生命健康需求，显然其经济质效处于相对衰减的状态。也就是说，相对于它的经济体量来说，其经济貌视强大，但并不能满足人民的根本需要，不能代表人民的根本利益，人民没有获得感，经济发展了，但是经济质效即经济的整体有效性相对来说是衰减的。

可见，供需矛盾对经济质效的影响主要有两个方面：

一方面，在经济发展的总过程中由于供需严重失衡，造成市场混乱和无序，产生生产严重过剩的经济危机，并伴随严重失业、通货膨胀等现象，出现严重的资源浪费。

另一方面，供需上的结构性矛盾严重，民生所需的主要产品或关键领域的关键技术和产品，不能满足人们的根本需要和长期需要。如经济泡沫严重，实体经济不振，技术创新落后，实力不强，产业链不全，经济畸形发展，不能反映国家和人民群众利益需求等。

第三节　垄断为霸，为富不仁，质效会衰减

一、阿里巴巴垄断案件引关注

2021年4月10日，国家市场监督管理总局（以下简称

"市场监管总局")依法对阿里巴巴集团控股有限公司(以下简称"阿里巴巴集团")在中国境内网络零售平台服务市场实施"二选一"垄断行为作出行政处罚。

该案是自 2020 年 12 月,市场监管总局对其在中国境内网络零售平台滥用支配地位行为立案调查以来,通过广泛调查、扎实取证,历时百天作出的处罚决定。对此,阿里巴巴集团及时回应:"我们诚恳接受,坚决服从。我们将强化依法经营,进一步加强合规体系建设,立足创新发展,更好履行社会责任。"此案属我国平台经济领域重大垄断案件,具有典型性和警示性,引发业内对反垄断及防治资本无序扩张的关注。市场经济的持续健康发展,离不开公平竞争的环境。然而,在近年来的案例中,一些互联网企业往往违法违规操作,排除、限制市场竞争,严重侵害了平台内商家的合法权益,阻碍了平台经济创新发展,更损害了消费者权益。据悉,自 2015 年以来,阿里巴巴集团滥用网络零售市场的支配地位,对平台内商家提出"二选一"要求,禁止平台内商家在其他竞争性平台开店或参加促销活动,并借助市场力量、平台规则和数据、算法等技术手段,采取多种奖惩措施,保障"二选一"执行,维持、增强自身市场力量,获取不正当竞争优势。至此,市场监管总局根据《中华人民共和国反垄断法》第四十七条、第四十九条的规定,综合考虑阿里巴巴集团违法行为的性质、程度和持续时间等因素,依法作出行政处罚决定,责令阿里巴巴集团停止违法行为，并对其处以 2019 年中国境内销售额 4557.12 亿元的 4%的罚款，计 182.28 亿元。同时，市场监管总局还向阿里巴巴集团发出《行政指导书》，要求其围绕严格落实平台企业主体责任、加强内控合规管理、维护公平竞争、保护平台内商家和消费者合法权益等方面进行全面整改，并连续三年向市场监管总局提交自查合规报告，并接受社会的监督。

阿里巴巴集团垄断案引发了业内的深刻思考。《人民日报》评论指出，此次处罚是监管部门强化反垄断和防止资本无序扩张的具体举措，是对平台企业违法违规行为的有效规范，并不意味着否定平台经济的重要作用，并不意味着国家支持平台经济发展的态度有所改变，而是要坚持发展和规范并重，把握平台经济发展规律，建立健全平台经济治理体系，推动平台经济规范健康持续发展。评论还指出，此次处罚，是对企业发展的一次规范扶正，是对行业环境的一次清理净化，是对公平竞争的市场秩序的有力维护。规范是为了更好地发展，"扯袖子"也是一种爱护。相信随着治理体系的不断健全，平台经济必将迎来更大的发展机遇，更好地为高质量发展和高品质生活服务。

二、反垄断不是反对富人，而是反对为富不仁

阿里巴巴因垄断被重罚案件发生后，有业内人士针对网络平台反垄断事实表示，"反垄断不是反对富人，而是反对富人为富不仁"。

此话不无道理，对于市场经济来说，企业兼并势所必然，行业间的正常协商联盟也在所难免。但是赢者通吃在某些时候俨然成了竞争的终局，企业一旦做大了、做强了，往往也做"霸"了。此时，某些企业的所作所为对行业甚至对经济的健康发展起阻碍作用，对正常市场秩序和监管规则起破坏作用，相应的消费者也由起初的受益者变为被行业巨头利益绑架的对象，因此，垄断不打，市场失序，质效必将被毁。

应当承认，一些企业在本行业发展之初，敢为人先，奋发图强，在促进相关行业发展和探索相适应的管理方法上曾经作出了重大贡献，创新的过程也是十分艰辛，并且布满了风险，消费者及行业受众也在企业的创新过程中获得相应福利和生活的便利，说明不断创新符合人民群众的需要和人类的本质要求，与人类根本利益相一致。

然而，在成功的道路上，成功者的意志容易消沉，也可能产生动摇，特别是在利益的呼声和一片附和声中会不自觉地膨胀，团队意识也可能产生偏离，使命意识会被所谓的地位感和威望感所取代，行业的健康发展受其影响会偏离正常轨道。由于企业和行业的成长性和周期性特点，容易形成大树底下小树不长的局面，对行业公平竞争和正义规则自然形成冲击。

因此，强化公平正义的监管和企业家的使命感与责任感，对于不断提升行业和经济发展质效，具有十分重要的意义。

第四节　容易忽视新科技革命的质效问题

一、科技创新的本质是为人类服务

新的科技革命正在引发新的工业革命。以人工智能、大数据、物联网、5G和区块链为代表的新兴科技正在改变生产生活的方方面面。要说科技发展的动力来自经济利益，那并非原生动力。原生动力应该来自人们的好奇心。人类因为好奇心所驱使，去探究未知的领域，由好奇心引发想象力，明显地推动了科技进步。惰性作为人的天性之一，也是科技进步的动力。人类进入了商品经济时代，科技创新的动力变得更加复杂，但是基础原动力依然是最重要的因素。

因此，也可以看出，科技创新和革命本质上是为人类服务的，人类推动科技进步的目的主要在于增进生产生活的便利化和社会福利，但是这一朴素的动机在市场竞争和国际竞争的背景下，显得更加复杂化和多样性。而且不排除在某些人性扭曲的特定环境条件下，科技创新和科技革命的结果可能与初衷相违背。前段时间媒体报道，有人利用区块链和数字货币技术搞非法传销，短期内形成层级达到3000多个、案值达140多亿元的大案。这一类事与愿违、南辕北辙的事例，活生生地说明谈论科技质效问题的现实意义。

二、新技术对人类身心灵的影响被经济利益所掩盖

科技创新和科技革命所产生的便利化对人类生产生活方式的影响，以及对人类自身的身、心、灵的巨大影响是无法估量的。但是，有一些变化由于人们还未直接尝试，尚不明白其后果，当下谈科技创新，人们一般都以为只是史诗般优美，至于它的负面效应，依然认为谈论过早。因此，对于科技革命的质效问题的深入思考实际上容易被忽视，或者更确切地说人类还来不及加以充分重视。

有关资料显示，2020年9月，中国互联网络信息中心（CNNIC）发布第46次《中国互联网络发展状况统计报告》显示：中国网民规模达9.4亿人，比半年前增长3625万人。中国网民的人均每周上网时长为28个小时，平均每天4个小时。也就是说，人们每天除睡眠、工作和吃饭外的大部分时间都在网上了！而且，人们的生活和工作方式也发生了很大的改变。

有关专家分析新科技革命对人的本质和本性的影响，认为人的需求现在越来越容易被满足，衣食住行都可以简单地通过点击屏幕或敲击键盘来解决，可能会弱化人的奋斗动力，让人不思进取。此外，每天沉浸在碎片化的信息中，也可能产生所谓"信息茧房"的封闭效应。

随着智能生产、智能服务和机器人的广泛应用，人类有了

更多的时间,可以悠然地生活,但是也要面对大规模的失业等新工业革命带来的社会问题,工作可能成为稀缺资源。

第五节　探索经济质效提升的具体方式

一、发展要坚持以人为本

一方面,对"经济"意义的理解不同。东西方文化对"经济"意义的认识有较大区别,在西方经济学中,"经济人"假设,认为人具有完全的理性,可以作出让自己利益最大化的选择,即把人作为经济动物看待。但在中国古文化中,"经济"一词却是"经世济民"之义。马克思主义政治经济学坚持"以人为本",《资本论》被誉为工人阶级的"圣经"。可见,不同文化对"经济"的认识的基点完全不一样。

另一方面,就现代经济管理的方法,以及经济运行的总体态势而言,世界经济已经相互融合,形成了不可分割的大市场机体。面对经济全球化发展趋势和区域与集团利益固化所造成的分歧与矛盾,以及快速发展需求的惯性影响等问题,为了提升经济运行和发展的整体质效,有效地维护人类根本利益不会受到盲目发展本身所附带的损害,确保经济发展的本质不走歪,科学设计经济发展和运行的模式和模型变得十分重要。

二、大力发展质量安全型经济

如何做到以人为本，笔者在《论质量安全型经济》一书中，就经济发展新方式提出了一些具体设想，在理论探索上进行了一些有益尝试。提升经济发展质量，发展质量安全型经济，主要是为了避免经济行为短期效应，也是为了有效消除全球化发展的分歧，解决有效供给不足等现实矛盾和问题，抑制"假性需求"膨胀，保持总供给与总需求在合理区位平衡，以便更好地满足人们对生活品质不断提升的需要。

因此，发展质量安全型经济不失为提升经济质效的一种方式，也是一种经济发展模式的设想或理想化的追求。相信质量安全型经济理论在促进高质量发展的实际中会有所裨益。

第六节　发挥经济质效的示范效应

一、从统计数据看经济质效

据有关部门统计数据分析，新型冠状病毒肺炎疫情暴发之前的 2019 年，中国 GDP 规模为人民币 99 万亿元，折合美元 14.4 万亿，占全球 GDP16.6%，约相当于美国 GDP 的 67%，但增长的贡献率达 30%，足以说明中国经济的活力，以及对世界经济的整体影响力和带动力，中国已成为世界经济增长的发动机。

当然这都是以美元计价统计分析的结果，可以看出中美之间的基础差距和档位，汇率举足轻重，美国还可开动印钞机，中国还得加大马力扩大再生产，然而中国在负重前行的同时，无形之中也夯实了经济基础，档位的接近远比规模的赶超来得更加艰难一些。

据报道，2019 年中国人均 GDP 为 70892 元，较上年名义增长 5.7%；人均 GNI（国民总收入）为 70602 元。以美元计价，我国 2019 年人均 GDP 为 10277 美元，人均 GNI 为 10234 美元，处于中等偏上收入经济体行列，与美、日相比差距在 6 倍和 3 倍左右。按世界银行发布的标准，高收入国家人均 GNI 门槛为 12400 美元。中国如果能够转型成功，按照 5% 左右的速度再增长 4 年左右，大约在 2023 年前后中国将跨入高收入国家行列。一个 14 亿人口的超大型经济体从起飞、转型，到跨越，这将是人类经济增长史上的奇迹。

但需注意的是，即使 4 年后顺利进入高收入经济体行列，中国距离人均 GDP 3 万美元以上的发达经济体门槛仍有很大的差距。世界银行划分的高收入经济体个数从 1987 年的 41 个上升至 2018 年的 80 个，1987—2018 年占比从 25.2% 升至 36.7%。在 2018 年 80 个高收入经济体中，既包括波兰、匈牙利等人均 GDP 在 1.3 万~2 万美元的部分中东欧国家，也包括智利、乌拉圭等不少新兴经济体以及 10 多个加勒比海地区小型经济体，还包括阿联酋、沙特阿拉伯等中东石油输出国。

此外，中国居民恩格尔系数不断降低，消费结构升级。2019 年食品烟酒支出占总支出比重为 28.2%，较 2018 年下降 0.2 个百分点。根据联合国粮农组织标准，恩格尔系数达到 30%~40% 为富裕水平，低于 30% 为最富裕水平，由此从消费结构指标看我国已连续 3 年保持在"最富裕"水平。

2019 年生态保护和环境治理业和教育固定资产投资（不含农户）分别比上年增长 37.2% 和 17.7%，增速分别快于全部投资 31.8 个和 12.3 个百分点。

2019 年万元 GDP 能耗比上年下降 2.6%。天然气、水电、核电、风电等清洁能源消费量占能源消费总量的 23.4%，上升 1.3 个百分点。

二、质效衰减并非不可避免

经济质效自然衰减是具有规律性的命题，对于盲目的自由经济，经济主体利益绝对化，经济人的逐利性，集团和区域经济利益固化和相互割裂，商人囤积居奇和投机偏好，科技创新被用于追求超额利润等，不可避免地导致经济活动离人们的真正需求越来越远，在这场席卷全球的新冠肺炎疫情中，经济被异化的可能性在某些国家或地区已经变成现实，经济质效已被政客行为冲垮。

　　但是，这并不意味着质效衰减就是绝对规律，就是不可避免的必然趋势，质效衰减是有条件的，只是在自由经济的状态下才不可避免。因为政府的角色如果是"守夜人"，那么这个"守夜人"起码具有警醒的功能，况且它也不会让盗贼长驱直入，何况"守夜人"只是一个比喻而已。这里问题的关键还在于政府是代表谁的利益，政府是否具有驾驭经济的能力和实力。从实质上，这些问题都是对社会经济制度的考量。鞋子适合不适合脚知道，相信人们会更加理性和清醒，人类完全具有为了维护自身根本利益而选择经济社会制度的权利。

第七章

以质效为中心的管理革命

促进高质量发展是我国新时代经济发展的战略方向和主题，高质量发展就是能够满足人民日益增长的美好生活需要的发展，按照这一发展战略的要求，必须推进以质效为中心的管理创新。

第一节　从绩效管理到质效管理的转变

一、绩效管理及局限性

绩效通常是指组织、团队或个人，在一定的资源、条件和环境下，完成任务的出色程度，是对目标实现程度及达成效率的衡量与反馈。它可包括个人绩效和组织绩效两个方面。它反映了在一定时期内的投入产出情况。投入指的是人力、物力、时间等物质资源，或个人的情感、情绪等精神资源；产出指的是工作任务在数量、质量及效率方面的完成情况。

所谓绩效管理，是指各级管理者和员工为了达到组织目标共同参与的绩效计划制订、绩效辅导沟通、绩效考核评价、绩效结果应用、绩效目标提升的持续循环过程，绩效管理的目的是持续提升个人、部门和组织的绩效。

绩效管理虽然运用很普遍，但是有它的局限性。

一是它在实际操作过程中很复杂。绩效管理的对象是人。

人和机器最大的区别是，人有思想、有情绪，这会导致业绩的波动。正因为绩效管理的对象特征，在 2006 年世界经济学会的评估中，绩效管理被列为最难的管理难题。

二是流于形式，走过场。在实际运用过程中，对通过绩效考核要解决什么问题、达到什么目的，缺乏清醒的认识。使用中只有一个管理体系，缺少绩效计划、绩效实施管理、绩效反馈等环节。

三是主观随意性大。绩效管理考核的考核者主要是部门领导，往往只是看到了员工的某个表现或者某个片面的表现，从而就对该员工的整体工作表现进行考核评价，这种考核是片面的，主观性太大，影响了绩效考核的可信度。

四是绩效考核简单化。在绩效考核中，指标的制订过程往往是上级下达的绩效管理指标，绩效考核的目标和用途简单，考核就是简单地打分。

五是缺少科学的评价标准和体系。绩效考评往往只是针对某一方面内容，评价系统不全面，缺少科学性的评价体系，难以衡量一个单位和个人的实际工作状况，对单位和部门的发展引导性不强。

二、围绕质效提升加强管理创新

管理是社会治理的实现形式，也是社会治理的常态化。与社会治理相比，管理制度相对稳定，但是并不意味着管理理念和方法的停滞不前。恰恰相反，管理作为社会治理的形式是极为活跃的，特别是随着全球突发公共卫生事件的暴发和质量安全问题的凸显，亟须呼唤以质效为中心的管理，需要推进管理理念和方法的革命性变革。

推进质效管理最根本的是要突破利益割据的樊篱。客观上承认利益的差别，同时突出根本利益的核心地位。坚持以全局的根本利益为主线，贯穿于各种利益关系，通过确定合适的管理目标和完善制度，促使根本利益具体化和最大化，纠正利益上的偏差，促进形成积极的、健康的利益链。

管理创新的基点必须有利整体和全局的效应扩大，在根本利益核心价值认识一致的基础上，服从中心统一调度，做到令行禁止，发挥整体效能是质效提升的关键。因为只有杜绝各主体在涉及人类根本利益问题上缺乏协调、各自为政的现象，共同恪守为政的基本准则，自觉听从中心统一指挥，才能克服政府及社会组织的低效能，充分发挥整体的力量和组织的力量，有效应对各种风险和挑战。

推行质效管理，必须最大化运用智能技术，防止碎片化和无序、低效。现代智能技术快速发展，日新月异，空间极其广阔，蕴含无穷无尽的力量。它不仅是人类智慧的结晶，也是突破人类自身体力和智力局限，不断提升工作质效的有效途径。但是，如果运用不当，盲目发展也将给人类社会带来危害。

全面推进质效管理，需要把制度的刚性约束和人的高度自觉性有机统一起来，需要提升人类整体的思维能力和思想境界。人类整体境界的提升非一朝一夕，但并非不可能。因为随着认知水平的提高和切身的感受，人们终究会认识到人类整体的根本利益是一致的，而且在重大危机和灾难面前，个人质效是苍白无力的，只有依靠合力和整体力，做到目标明确、步调一致、有序应对，才能最终战胜困难，实现化险为夷。

第二节　质效管理的基本方法

一、质效管理的初步探索

质效管理既是理论，又是实践。质效管理适合于任何组织和个人，适合于任何事项。近年来，一些机构开始运用质效管理方式，促进工作质效提升。也有一些机构开始探索管理培训项目。比如，辽宁某集团公司开展"质效提升工程"工作，通过不断推进企业管理工作质效提升，助力集团可持续高质量发展。山东省某机关，提出全面提升工作质效目标，采取相关措施等。但这些工作基本上还是初步的，而且大都与质量管理体系做法相雷同。可以说，相关机构还未就质效管理形成完整的体系结构，甚至对质效的解释也不规范，主要停留在财务管理、企业效益的层面。

相关部门、单位对质效理念的运用,尽管内涵不一,但对于推动全社会重视质效问题起了很好的尝试作用。随着各部门对质效理念的普遍运用,以及企业和机构对质效管理方法的初步探索,必然有利于促进质效管理研究和实际工作,这对于促进以质效为中心的现代管理创新无疑是好的开始。

二、 质效管理"五步法"

针对具体工作事项,加强质效管理,增进根本利益,促进质效全面提升,一般需要经历以下基本步骤。

(一) 目标和计划方案的研制及正义审核

这里除了正常工作程序以外,主要聚焦正义审核这个关键点,应当由具体承办人员、审核人员与审批人员分层级,层层把关实现,以确保工作事项符合增进人类整体和根本利益的需要。对于争议较大的事项,应当让业界、科技界、舆论界等广泛参与讨论和听证。特别是对于现实风险和潜在风险、现实危害和潜在危害等要认识清楚,充分评估,并对风险防控措施预案等要严格审核把关。

(二) 任务分解和组织实施系统构建与优化

除了正常分工协作,明确责任,明确质量要求,确保时间、质量、安全、效益相统一以外,要特别注意整体性目标的实现,发动局部个体立足岗位和部门职责,胸怀全局,做到定位清楚,但工作绝不为个人和局部所限。要尽量避免局部和个别环节过激过分反应，做到充分发挥主观能动性，但绝不添乱，以确保整个工作系统高效运转，充分发挥单位和全系统的合力及整体力作用。

（三）运维与环境的协调及高效互动关系

除了日常管理的严格要求，抓深抓实抓细，还要格外注意内部管理与环境的协调。质效是开放的，讲求内部、外部，以及与自然环境、生态环境及社会环境的协调，以及工作事项相关方的互动合作，通过项目合作达到工作圆满完成、人员素养提高与环境改善优化的整体水平提升和质量效应。

（四）针对目标宗旨及根本性错误的彻底纠正

在工作事项的推进过程中，要注意及时观察和评估，对于立项未及时发现之危害和新产生的风险，应当及时采取相应措施彻底加以纠正。绝不能因为害怕损失和担责，隐瞒风险和危害，以免遭受更大的带根本性的损失。对风险的及时化解应有容错和奖惩机制。也可建立风险基金以减少损失，来杜绝更大的险情、危害和隐患。

（五）经实践检验或人民评议与社会意见的认同

质效的实际状况如何，除了自评以外，应当建立长效评价机制。坚持上级、上下游、社会组织评价相结合，短期和中长期评价相结合，对重大事项质效全方位和长效地进行动态评价。只有经过实践检验和人民评议，以及社会广泛认同的质效，才是真正经受检验和考验的质效，才是真实不虚的质效。

"五步法"紧扣根本利益,着眼于整体性目标,注重由内而外的协调配合、高效运转,把目标宗旨正义性、具体事项的准确性、运作系统科学性、工作机制高效率、检查反馈及时精准、整改措施的彻底等有机结合在一起,构成一个相对独立、完整的质效提升体系。它是在日常中加强质效管理,提升整体质效的大致框架程序,适合于一般事物,但就具体事物而言,则需进一步细化,才能适应具体事物。

第三节　权力运行的质效

一、权力的本质

权力,是个颇具吸引力的字眼。

它是在人群中一种特殊的作用力和影响力,主要体现人与人之间的作用与被作用,以及由此产生的影响与被影响的社会关系。

在任何社会历史阶段和不同的文明形态中,权力及权力关系都是客观存在的,但权力分配与运行的制度及方式,以及对人类生存和发展的实际效应却大相径庭。

权力本质上是为了维护公共利益或公共秩序,是为人类和社会服务的。人类的根本利益主要靠公共权力来维护,同时也需要私权配合和相应的维护。无论是公权还是私权,都不能脱离为他人、为众人和为社会服务的轨道。公权私用会产生腐败,使根本利益受损,私权滥用则侵占公众和他人利益,会破坏社会秩序,也会损害根本利益。因此,公权私权应当界限分明,运转有序。

二、保持权力长期正常高效运转

在质效管理中,权力具有独特的功能和影响作用。

首先,科学配置权力。一是正确配置公权、共权和私权。公权力是维护人类整体利益的有效工具。理解权力运行的质效,是为了深刻认识权力的本质,尤其是公权力的本质。公权力对应的是人类群体的整体,如国家权力、正规组织的权力,以及自然群体的公推授权等。所以,从本质上说,公权力是维护人类整体利益的有效工具。公权力中决策与执行的平衡和互动至关重要。必须按照民主集中制的原则来配置,避免因权力过分集中而缺少活力和因权力分散而影响整体和全局。

其次,激活权力运行机制。使公权力与私权力正确配合,在确保公权力占主导的前提下,科学放权。集中力量攻坚克难,充分调动社会力量的积极性和主动性,让社会参与公共管理,形成整体合力。理解权力运行的质效,是为了确保公权力一直正确发挥作用,结合人类不同历史阶段的使命和任务,切实起到维护人类整体和根本利益的有效作用。换句话说,就是为了使公权不在运行中逐渐变味和变质，甚至走向它的反面。

第四节　决策的质效

一、决策的多维性

一讲到决策，一般人会理解这是领导干部的事，与自己无关。这种观点是不对的，因为决策既是领导行为，是领导工作，也是日常行为，实际上与每个人相关。

一是每个人都是自己行为的决策者。这里所说的决策，不仅仅是指领导工作行为，也可理解为每个人在日常实际工作中，对自己所负责的领域和工作事务，所作出有针对性和选择性的决定。我们在日常生活和生产经营活动中，每天都在作决策和决定，可以说既是决策者，又是执行者。

二是决策工作是多维的。决策是一个过程，是系统性的工作。包括前期的调查研究和动议及准备，会涉及各方面和人物，这一阶段其实是辅助决策的人员在行动，领导干部可能参与，也可能暂未参与。调查研究的面会很广，包含相关的组织、个人及制度和事物等。决策过程中需要征求各方意见和建议，对决策方案进行修改完善，有的需要听证，牵涉的人员很多。决策之后的执行，可能涉及更多人的利益调整，参与反馈的人会更多。

三是决策的多维性并不否定主要决策者的地位和作用。决策过程既充分发扬民主，又要正确集中。高效的决策是民主和集中的统一。主要决策者对于决策工作的整体水平和总体效能往往起关键性作用。

二、决策行为对于整体质效提升具有特别重要的意义

首先，这是由决策者的内在根本意识和整体观念所决定的。

近年，有学者称，意识是第四维空间，其特点是具有可穿越性，而且我们所能看见的三维及以下空间只不过是它的投影，都是由它决定的。这种说法虽属唯心论，但也从一个角度上说明了意识对物质世界的影响力。

决策是意识的能动作用，这种能动作用的影响力之所以巨大，是由于决策者地位的特殊性造成的双叠加效应。作为决策者，显然其对人对己都具有相当大的作用力和影响力。而决策者的根本意识及精神境界，正是其决策及决定的引力场和指挥棒。所以，只有符合整体利益的正念的决策才能获得好的效果。

其次，这是由决策的组织力和执行力所决定的。

决策本身即意味着实施，决策决定一旦形成并付诸行动，必将带来相应后果。除了客观因素外，决策的整体效果主要会

受到组织力和执行力的影响。

尤其组织力,是影响决策整体效果的最主要力量,而且组织力也是执行力。领导决策正是借助强大的组织力,凝聚了个体的力量,形成统一的意志,调配各方资源,集中发力,推动重点工作和事业整体发展。

第五节　质效监督

一、质效监督的必要性

质效监督不同于一般性的监督,它是专门针对事物发展和工作进程是否符合整体质效提升要求的监管和督促。因为影响人类整体质效目标的实现,维护人类根本利益,有自觉的因素,也有不自觉的因素,因此在努力培塑质效境界、提高思想觉悟水平的同时,加强对事业发展质效提升的监督和制约就成了客观必要。

一方面,由于个人利益和集团利益的客观存在,当个人利益、集团利益与根本利益相冲突时,需要促进个人和组织作出利益相应调整时,质效监督就显得十分必要。当然这种对个人和对个别组织的监督相对比较容易实现。

另一方面,从全球化发展的需要看,人类根本利益的实现，也有赖于各国自觉遵守国际规则和相关国际组织的约定。但是，由于一些国家出于一己之私，常常无视国际规则和国际组织的权威，把自身利益凌驾于人类根本利益之上，奉行强权政治和霸权主义。对于这种行为，国际社会依然要对其进行声讨和谴责，不断促进其改邪归正。

二、质效监督的主要任务

质效监督和制约，旨在抑制不利于增进人类整体质效提升的力量增长，纠正脱离质效提升正轨的行为。从总体上看，主要任务体现在以下三个方面。

一是对不利于质效提升的思想文化理念的纠偏。摒弃个人主义，杜绝极端思想，引导人们走出极端个人主义的价值误区，树立人类命运与共的正确思想意识。

二是对恶意损害根本利益和不利全局的行为进行打击和纠正。实践证明，人类只能以整体力和公序良俗来有效应对各种自然灾难和人们自身盲目行为造成的破坏，以及恶势力的人为影响。

三是对社会组织的组织力和组织行为的制约和维护。有效抑制危害人类整体质效提升的组织及组织力的存在和作用，对于各种宗旨明确并且健康的组织施以保护，促进其更好地担当提升人类整体质效服务的职责和使命。

第六节　质效评价体系

一、质效的评价意义

2020年4月10日,有专家在"质效解秘"公众微信号里留言,提到有没有质效评价指标体系的问题。

就此,笔者认为,对事物的量化评价是很重要的。不同领域的质效评价指标自然不同,但是能否建立一种共性的对事物质效的评价指标体系,则需加以斟酌。

质效,顾名思义,有质有效,质在本源,效在源流,质为根本,效为弘扬。但是,质也离不开效,不可能存在一种事物是有质而没有效的情况。因此,从某种意义上,质效讲的效,就是对质效讲的质的最好评价。质效本身就是对相关指向事物的评价。

从质效评价的目的来说,如何确立质的地位,确立的程度,以及促进质的更好发展,使事物沿着质的轨道健康发展,由此产生了什么程度上的效应,如何测量和反映出来,促使人们有效认识它、运用它,这是至关重要的。因此,科学的质效评价指标体系,要把基点放在有利于促进事物质态的健康发展上,以便正确把握事物的发展方向和状态,这应当成为质效评价的主旨。

因此，在定量分析之前，必要的功课是做好定性分析。定性清楚了、精准了，才能有适当的定量，否则，定量分析将出现失误，这样对于人们正确认识事物和引导事物的健康发展将是不利的。

二、质效评价的主要内容

质效评价既具体又全面，它必须包括方方面面的内容。不仅要适合宏观上对事物发展的全面评价，又要适应对某一时期具体事项的评价。因此，质效评价指标体系应该是一个大框架。但这个框架也可以根据不同事物转化为具体的详细的评价指标体系。

质效评价指标体系反映的内容主要有：

一是规定事物的质的重点事项的量化指标。比如，国家或地区人口总量变化和构成优化的指标。

二是与事物的质密切相联系的相关事项发展变化指标。比如，经济收支指标、生活水平指标、素质提升指标、安全水平指标等。

三是对此事物发展起主要促进作用的事项的量化指标。比如，科技进步因素指标、环境保护指标、投入产出指标、教育水平指标、国防力量指标等。

这三个方面共同构成事物的质效内容，同时也是科学衡量和评价事物质效的指标指向。

第七节　克服形式主义顽疾

一、形式主义不问根本，不论质效

形式主义是影响质效提升的顽症。形式主义看似热热闹闹，实际上是缺乏担当；官僚主义高高在上，爱唱高调，实际上是对老百姓漠不关心，缺乏扎实措施，不作为。不担当和不作为，看似两码事，可实质上并无差别，都是缺乏质效观，不问根本，不从根本上去解决问题，漠视人民群众的根本利益。

形式主义和官僚主义现象，都是从个人需要出发，想轻轻松松地把事情办在表面，或停留在上层，只求表面上轰轰烈烈，想让别人看得到，特别是要让上级领导看得到，不问群众实际需要和事物本质，甚至害怕触及矛盾会危及自身利益，不愿意沉下去，做艰苦细致的工作，不求从根本上解决问题，实际上是在敷衍塞责，蒙蔽上级组织和领导。

新冠肺炎疫情在世界范围内大流行，除了疫情的复杂性以外，重要原因就是形式主义和官僚主义的危害。原本武汉封城，中国举国防疫，已经为世界争取了时间，提供了范例，但是一些国家由于竞选政治和集团利益的需要，一直把新冠肺炎疫情流感化，淡化处理，不作为、不担当，甚至掩耳盗铃，自欺欺人，最后又想通过甩锅逃避责任，结果导致大沦陷。

二、质效管理是克服形式主义的利器

加强质效管理从根本上树立维护和增进根本利益的观念，激励人们围绕整体质效提升，找准自身定位，扎实做好工作，充分发挥职能作用，是有效克服形式主义的利器。

一是讲求质效，坚持以人为本，有利于将工作效果与根本利益相比较，把工作基点放在人民群众利益上，提高维护人民根本利益的自觉意识，有利于克服或解决形式主义、爱摆花架子、对上不对下、重形式不重实效的弊病。

二是讲求质效，强调立足本职谋全局，自觉服从和服务大局，不计较个人和本单位的一时之得失，有利于克服形式主义、时时处处考虑自身得失、患得患失、以自身利益为转移的本位思想。

三是讲求质效，注意立足当前放眼未来，甘于奉献，甘于平凡，谋划长远，有利于克服形式主义、追求眼前轰轰烈烈、爱造势、蹭热点、工作不扎实、经不起时间检验的老毛病。

第八章

与质效管理有关的实例

第一节　维护国门质量安全
增强人民海关为人民服务质效

建党百年风华正茂,在承前启后的重要历史时期,牢记初心使命,深入学习贯彻习近平总书记"七一"重要讲话精神,紧密联系经济社会发展、改革开放、人民需求和海关职能实际,大力维护国门质量安全,增强人民海关为人民服务的质效,具有特别重要的意义。

一、不断增强为人民服务的使命感和责任感

(一) 重温为人民服务的初心使命

《为人民服务》是毛泽东同志 70 多年前发表的一篇光辉著作,重温这篇光辉著作,回顾革命和建设的历程,真切感受到作为党的根本宗旨和初心使命的体现,"为人民服务"像一根红线贯穿我们党百年的历史,激励一代代中国共产党人前赴后继、继往开来、英勇奋斗。《为人民服务》是 1944 年 9 月 8 日毛泽东在张思德追悼会上的讲演。张思德并不是牺牲在枪林弹雨的战场上,也没有太多惊天动地的事迹,毛泽东之所以郑

重提议为这样一个普通战士举行追悼会并发表讲话,这是不同寻常的,有着特殊的深远考虑。张思德在平凡工作岗位上默默奉献、以身殉职,用自己短暂的一生,生动诠释了全心全意为人民服务的宗旨。在张思德追悼会后不久,毛泽东就把为人民服务作为普遍要求扩大至全党全军,明确提出:"我们的每一个指战员以至每一个炊事员、饲养员,都是为人民服务的。"在党的七大上,毛泽东进一步全面系统阐述了为人民服务的重要思想。他深刻指出:"紧紧地和中国人民站在一起,全心全意地为中国人民服务,就是这个军队的唯一的宗旨。"七大通过的党章明确毛泽东思想为全党的指导思想,首次增加了总纲部分,并将全心全意为中国人民服务写进其中:"中国共产党人必须具有全心全意为中国人民服务的精神,必须与工人群众、农民群众及其他革命人民建立广泛的联系,并经常注意巩固与扩大这种联系。"

(二)增强新时代为人民服务的责任感

回顾党的百年历史,中国共产党之所以能够发展壮大,中国特色社会主义之所以能够不断前进,正是因为始终把人民作为"源"和"本",深深植根于人民之中。民生无小事,枝叶总关情。党的百年奋斗史就是为人民谋幸福的历史。当历史的车轮进入了中国特色社会主义新时代,习近平总书记提出"以人民为中心的发展思想",强调把增进人民福祉、促进人的全面发展作为发展的出发点和落脚点,发展人民民主,维护社会公平正义，保障人民平等参与、平等发展权利，充分调动人民积极性、主动性、创造性。强调必须团结带领中国人民不断为美好生活而奋斗。江山就是人民、人民就是江山，打江山、守江山，守的是人民的心。中国共产党根基在人民、血脉在人民、力量在人民。以至于"为了保护人民生命安全，我们什么都可以豁得出来"。深入学习习近平总书记建党100周年"七一"重要讲话，抚今追昔，倍感在新的形势下进一步增强为人民服务意识的必要性，倍感应对各种风险挑战不断淬炼为人民服务本质的紧迫性，倍感与时俱进增强为人民服务的本领和质效的现实性。

（三）践行"人民海关为人民"的要求

人民海关为人民，维护国门质量安全是人民海关的根本任务和使命要求。口岸是国家指定对外往来的门户和关口，是国际间人流、物流、资金流和信息流的重要通道。国门质量安全是一个大概念，包含与通过口岸对外联系并与之相关联的政治、经济和文化，人民生命健康，生态环境等因素。依法履行监管职责，有效维护国门质量安全，充分发挥国门口岸有效把关和高效通关的功能作用，是维护国家安全和增进人民根本利益的需要。

首先，国门口岸是维护国家主权，保障人民当家做主的前提条件。在中国近代和现代历史，中国经历了海关主权从丧失到收回的历程。新中国海关成为真正独立自主和为人民服务的人民海关。

其次,国门口岸是发展国际经济贸易,确保人民过上美好生活的必要保障。口岸是实施对外开放,发展对外贸易的通道,也是满足人民不断增长的物质和精神文化生活需要的大通道。

再次,国门口岸是严格把关,维护人民身心健康安全的重要关口。通过严格依法把关,把疫病疫情、有毒有害物质,以及各种反动腐朽的东西挡在门外。

最后,国门口岸是促进国际交流,推动构建人类命运共同体的重要渠道。通过口岸,加强与各国人民友好联系,互信合作,互利共赢,树立国家形象,推动构建人类命运共同体。

因此,国门口岸独立自主和稳固通畅是国家兴盛的表现,国门质量安全是国家兴旺和人民幸福的重要保障。

二、应对国门口岸质量安全新挑战,坚决维护人民根本利益

国门质量安全是因国门开放而产生的质量安全问题,也是因外向型经济质量提升过程中自然产生的安全问题,是质量与安全的有机统一,同时也说明安全是质量的基本保证。当今国际风云变幻,我国发展深入推进,国门质量安全也面临前所未有的新挑战。为了国家安全和人民利益,当前应当统筹应对"五个方面挑战",坚决有效维护人民根本利益。

（一）应对疫情疫病传入风险的挑战，维护人民生命健康安全

随着我国外部新冠肺炎疫情的失控，口岸疫情传入的风险不断增加。当前病毒不断变异，而对于传播的源头和途径等，科学尚未说明清楚。口岸一线防控长期高压状态也难免滋生疲劳、厌战等情绪，有效防控的难度巨大，能否有效维护人民的生命健康的挑战十分严峻。

（二）应对贸易摩擦日益复杂化的挑战，维护国家和人民利益

由于美国等西方国家出尔反尔和作祟，国际贸易体系受到不利影响，贸易摩擦成为大国之间关系和竞争的常态，并与外交、科技、舆论复杂态势相互交织。海关作为对外关系的窗口，无疑处于贸易摩擦的前沿阵地，要做到始终坚定人民立场，并且及时采取有效措施保护国家和人民利益，自然是一场严峻的考验。

（三）应对发展新格局考量海关职能作用的挑战，维护高质量发展全局

适应新的形势，我国加快形成以国内大循环为主体、国内国际双循环相互促进的新发展格局，海关能否积极主动有效发挥好双循环枢纽的作用，能否跳出海关看海关，能否统筹国内国外资源、产业和市场供需，从监管服务转变为主动对接，一头对接国内产业，一头对接国外市场，创新监管方式方法，优

化职能、信息、技术服务,激活对外经济联系大通道,增强发展新动力,有效服务和促进高质量发展的全局及方方面面,是亟待加强研究的新问题。

(四)应对不断优化营商环境压力的挑战,维护全面发展大局

海关执法和服务相结合工作状况是国家和区域发展重要软环境,在区域发展战略规划中,对海关强化监管与优化服务的需求十分迫切。个别地方政府采取超常规的开放发展战略,将对海关执法把关和服务发展产生更加重大影响。此外,在新冠肺炎疫情对外贸成本和通关时间造成不利影响的情况下,一些地方政府和企业为了减少损失,往往把降低成本和缩短通关时间的目光聚焦到海关监管工作中,这对海关能否妥善处理好把关和服务关系,有效维护区域平衡发展和全面发展的大局,无疑既是压力也是挑战。

(五)应对人流物流高通量下有害物质输入的风险和挑战,维护经济、环境和民生安全

尽管全球化受到阻碍,但国际间经济技术交流交往的需求并未消减,在强大的人流、物流、资金流和信息流对国门口岸的倾泻式冲击下,大通关建设要确保免受外来有害生物和有毒有害物质输入侵害的考验,要实现"严管"和"快放"的有机统一,从总体来看,这对海关高质量履行职责,将会是长期的考验和挑战。

三、 切实增强人民海关为人民服务的整体质效

不断深化改革，促进融合，进一步完善海关宏观管理体系和工作运行机制，充分发挥海关促开放发展、保质量安全、维护根本利益的作用，力争实现"关效最大化"，以实际行动践行初心使命，做到"让党中央放心和让人民群众满意"。

（一）完善贸易措施体系，强化维护国门质量安全的职能

在保持关税调节的及时性和有效性的同时，坚持以国门质量安全为核心，坚决维护人民在国际贸易中的根本利益，进一步完善技术性贸易措施体系，加强涉及外贸质量安全法律法规和技术标准建设，加强风险管理和对外通报与评议，加强检验和检疫及检测技术能力建设，促进关税措施、非关税措施与技术措施相互促进，有力配合国家发展战略实施和外交外贸政策实行，有效发挥其对国际贸易和开放型经济发展中保护与促进相结合的宏观调控功能作用。

（二）完善开放型民生保障通关体系，满足人民国际化消费需要

人民对美好生活的追求离不开开放发展。国际化消费趋势越来越明显，既包含生活消费，也包含生产消费。必须增强维护国家安全、经济安全、生态环境安全和满足人民群众国际化消费需要及生命健康需要的能力。不断强化以风险分析和精准布控为基础的国门质量安全监管体系，确保在高通量跨境人

流、物流、资金流和信息流中精准高效执法，以便满足人民群众生产生活对境外产品的消费需要，并且有效防止各种有毒有害物质和不良精神产品伴随居民消费国际化通过口岸流入和流出。

（三）完善对外贸易大数据服务体系，适应人民对高质量发展宏观管理需求

对外贸易是市场经济的发动机，其高质量发展是提升人民生活水平、增强经济社会发展质效、实现共同富裕的重要途径。适应高质量发展对宏观管理的新要求，必须扩大外贸大数据覆盖面，确保大数据全面、客观、真实、准确反映外向型经济发展情况，真实反映外向型产业需求和人民消费的发展变化特征，真实反映国门口岸质量安全状况。要借助先进技术和科学方法对大数据进行多维度综合分析，提升大数据服务决策和宏观调控层次；要坚持以需求为导向，面向不同性质行业部门，广泛提供大数据信息咨询服务，正确引导国际化生产和消费需求，满足各方加强外向型经济管理的需要。

（四）完善关区与关企互联互动体系，增强海关监管服务的整体有效性

牢固树立通关管理全国"一盘棋"思想意识，按照对外经济关系人流、物流、资金流、信息流流向的特点，加强各关区关联互动，促进监管工作形成整体，有效克服客观上造成国门质量安全把关尺度上存在的差异现象，以及宽严掌握不一致等问题，保持执法的统一性和权威性，防止个别商家伺机钻空子，搞南移北漂、声东击西和打游击。构建规范政商关系，促进关企互动提质增效。要将统一性和自主性有机结合，缩短通关时间，降低成本，发挥能动作用，提升工作整体质效。

(五) 完善通关智慧监管体系，拓展为人民服务能力

数字化、信息化、智能化是现代化的标配，是通关管理手段和能力延伸与拓展的发展方向。着力加强质量安全监管服务水平，建立健全现代化、智能化通关监管体系。将制度创新与科技创新有机结合，最大限度地缩短通关时间和节约成本，实现既检得准，又放得快。借助现代科技力量，加强研发和实际运用，进一步便利海量货物、交通工具和人员快速通关，不断提升口岸通关管理质量安全水平及经济社会效益。

第二节 整体提升关区进出口食品安全质效

进出口渠道是我国人民获取安全食品的重要来源，进出口食品安全是食品安全的重要组成。为了践行初心和使命，2019年8月按照武汉海关的统一安排，笔者领导专门组织并带领食品处同志深入一线，就"整体提升关区进出口食品安全质效"

展开专题调研，开展 7 次调研活动。先后带队到分管的处室、联系单位，到武昌海关综合保税区办事处，赴涉外活动执行委员会就进口专供食品安全保障工作进行调研。到食品处和仙桃海关参加"不忘初心、牢记使命"主题教育并进行座谈。到荆州地区开展促进湖北省出口蛋品高质量发展专题调研。还组织参加进口食品安全宣传周系列活动和"亲清"政商座谈会。

这次集中调研工作主要有以下特点。一是认真选题，周密计划。着眼于工作的整体性、连贯性和突变性，追求工作的整体效果、综合性和系统性效应。并制订了详细的具体的调研计划，明确了调研重点内容、步骤和方法。二是分层组织，广泛发动。实现全员参与。关领导、处领导先后带队，通过实地走访、个别访谈、召开座谈会，深入处室、深入基层一线、深入出口企业、深入地方政府相关部门进行调研，调研实效明显。三是有机结合，推动工作。调研工作与促进海关总署公告在关区落实落地、军运会进口食品安全保障等工作密切结合。与 2019 年 3 月已进行的进出口食品安全工作专题调研相结合，在调研中注重协调解决实际困难和问题。四是加强互动，放大效应。推动各方责任落实。以党中央、国务院《地方党政领导干部食品安全责任制规定》颁布为契机，压紧压实地方政府对出口食品安全的属地责任；以促进湖北省出口蛋品高质量发展为主题，同省农业厅、商务部门、省蛋品协会一起为优化出口蛋品营商环境出谋划策；以解决关检融合后进出口食品安全监管工作存在的问题为着眼点，深入一线、企业，掌握专题调研第一手真实资料。

通过调研进一步摸清情况，找准了存在的困难和问题，明晰了提升整体工作质效的目标和措施，达到了预期目的。

一、关区进出口食品安全质效状况

(一) 关区进出口食品安全基本情况

武汉海关进出口食品监管人员牢记习近平总书记食品安全要用"四个最严"的教导，牢记我国将食品安全确定为国家战略的神圣使命，牢记海关总署进出口食品工作"一点问题不能出"的要求，切实做好武汉关区进出口食品安全保障工作。据CIQ2000统计数据，2018年，武汉关区进口食品3221批，货值2.3亿美元，在中部六省排第二，进口额占前5位的国家分别为印度尼西亚、澳大利亚、法国、泰国和美国，进口食品种类列前5位的分别为油脂及油料、酒类、水产及制品、保健食品、乳制品。出口食品30788批，货值19.99亿美元，规模以上出口企业（出口额300万美元）共81家，出口到150个国家和地区，在中部六省排第二，出口香菇、蛋品、蜂蜜、食用菌连续多年全国第一，出口茶叶连续十年呈两位数增长，现已列全国第四。2019年1—6月，武汉关区进口食品1821批，货值1.08亿美元；出口食品13651批，货值9.75亿美元。检出南美对虾兽药残留超标 1 批、3.2 万美元。检出缅甸蜂蜜嗜酸酵母菌、菌落总数超标 1 批，2.9 万美元。检出霉变粒超标绿豆 3 批，117 万美元。检出进口食品不合格标签近百份。

(二) 进出口食品监管模式转变情况

关检融合后，进出口食品安全工作按照三级事权管理权限分工负责：海关总署负责决策、指挥、监督；直属海关负责运行管理、监控；隶属海关单位负责执行和反馈。武汉海关进出口食品安全监管作业全面融入海关整体框架和流程，由原食品处"一统到底"的"链条式管理"改为实行多部门分段式、扁平化管理。在武汉海关层面，进出口食品安全管理职能划分到食品处、企管处、监管处、风控分局等；在基层一线执行层面，按照隶属海关科室设置和"选、查、处"相分离的原则，进出口食品安全工作划分到多个环节、涉及多个岗位。

在关检融合的同时，武汉海关同步实施管检分离，食品处处室职能由管理执行转换为职能管理，原检验检疫业务下放至机场海关、新港海关、汉阳海关、汉口海关、武昌海关。其中，机场海关、新港海关承担了 80% 左右的关区相关进口食品、监管工作，主要为一般贸易进口食品；汉口海关（东西湖保税区）、武昌海关（东湖自贸区）承担了 20% 左右的进口食品、化妆品监管工作，主要为汉新欧铁路、跨境电商进口的食品。

为确保业务平稳交接，于 2019 年 1 月召开进出口食品安全工作专题会议,统一思想、统一步调;成立业务协调小组,把有限的人力资源集中起来,共同解决问题,针对隶属海关单位提出的具体进出口产品、具体工作环节的指导需求,指派工作组到一线开展指导工作。从 2021 年 3 月开展进出口食品安全工作专题调研的情况来看,进出口食品安全监管工作运行基本正常,进出口食品业务量与同期相比有小幅增长,关检融合有序推进。

(三) 服务地方经济社会发展的主要情况

武汉海关积极落实放管服改革举措,提升贸易便利化。实现进出口食品申报全流程无纸化,实现一次申报、一单通关。全面优化进出口食品的工作流程,细化检疫审批办事指南,检疫审批平均时间缩短至 2.1 天。收集长江经济带、"一带一路"、中欧班列等国家战略对进出口食品安全监管的个性化需求,助推全省出口茶叶向"一带一路"沿线国家拓展,茶叶出口数量占总数的 45.1%,出口额占总额近 40%,高于全国同类水平。

对境外进入综合保税区的食品实施"抽样放行",助推综合保税区高水平开放、高质量发展。鼓励出口食品企业走出去(湖北已有 3 家食品企业在国外办厂),实现产品出口到产业走出去、标准走出去的跨越。推动湖北与国际食品合作交流,开展非洲二十二国的食品安全管理体系及准入研究,对卢旺达输华辣椒开展准入评估。《武汉海关关于扩大我省北欧水产品进口有关情况的报告》得到领导肯定。

并且，积极对接有关涉外大型体育活动组委会，先后 8 次主持召开保障专题会议，及时研究相关工作措施，定期约谈进口食品供应商，做好涉及活动进口食品保障准备工作。

二、关区进出口食品安全工作中存在的问题

从总体上看，武汉关区进出口食品安全得到有效保障，工作质量和经济社会效益有了很大的提高，但是相较不忘初心、牢记使命的要求，还存在不足之处。主要是进出口食品安全法律法规和中央要求落实落细不够，在风险防范保安全、科学监管优化营商环境、履职尽责服务发展等方面，存在差距和短板，进出口食品安全的工作质量和经济社会效益尚不够高。具体问题如下：

（一）海关总署公告抓落实问题

2019 年海关总署先后下发了《海关总署关于境外进入综合保税区食品检验放行有关事项的公告》《海关总署关于进出口预包装食品标签检验监督管理有关事宜的公告》《海关总署办公厅关于进一步做好进出口食品安全监管工作的通知》《海关总署关于严格实施进出口食品安全情况通报　压紧压实食品安全责任的通知》等文件。调研中发现，公告"对境外进入综保区的食品实施抽样后即放行"，但在执行过程中遇到"进口食品直接在港口实施检验，进入综合保税区再实施检验"的问题，需待解决。

(二) 进出口食品安全监管工作流程重新梳理问题

关检融合后，进出口食品监管工作已由原食品处"一统到底"的"链条式管理"改为实行多部门分段式、扁平化管理，进出口食品安全工作划分到多个环节、涉及多个岗位，进口食品检验监管流程较长，合格评定过程较为复杂，但原进出口食品安全监管作业指导书尚未更新，仍在继续执行，已不适应新海关进出口食品监管工作。

(三) 大型涉外活动自用携带食品安全监管问题

在赴相关部门就进口供大型涉外活动食品安全保障工作进行调研时，向其通报了武汉海关前期军运进口食品保障工作开展情况，介绍了进口专供食品和代表团携带自用食品的管理流程、相关法律法规以及注意事项，但存在对自用携带食品概念理解不一致问题。

(四) 进口食品食源性药物检测经费问题

为落实供外事活动进口食品安全保障任务，根据《有关食源性兴奋剂检验工作方案》，武汉海关技术中心需对专供涉外活动食品实施"批批检"，对必检但缺乏检测标准的项目开展技术规范研究、能力验证等工作，但武汉海关技术中心检测经费缺口较大，存在进口食品食源性特指药物检测经费不足的问题。

(五) 服务地方经济发展和回应企业诉求问题

关检融合后,对隶属关业务工作的指导帮扶力度不够,服务地方经济发展,出主意、想对策不多,抓改革、促创新的具体举措不多。因此,需提高理论指导实践的本领,为服务地方经济积极出谋划策,促进武汉关区特色优势食品出口。比如,回应企业提出"供港澳蛋品 RFID 溯源管理系统激光打码成本较高问题"等诉求,促进湖北省蛋品出口。

三、处理好"五个关系",提升关区进出口食品安全整体质效

在经济全球化和现代食物供应链下,进出口食品已成为我国居民食品供应的重要来源。维护进出口食品安全关乎国计民生、社会稳定和国家形象。必须深入贯彻落实习近平总书记"四个最严"的批示精神,适应新时代国家治理体系改革新形势,在新海关体系下,紧紧立足关区实际,不断解放思想,针对进出口食品安全条线管理转变为条块管理、中部地区关检业务融合与发展中的新问题,进一步理顺和处理好五个关系,创新管理体制机制,才能整体提升进出口食品安全质效,真正做到让党中央放心和人民群众满意。

(一) 严密监管保安全与提速增效的关系

检验检疫管理职能和队伍划入海关后,新海关的职能作用进一步扩大,对口岸大通关质量效益的要求也不断提高。一方

面，如何加强严密监管，确保进出口食品安全，做到"一点问题都不能出"，坚决守住底线；另一方面，如何实现扁平化管理，最大限度简化环节和流程，最大限度缩短"统一报关"和"查检合一"的通关时间，降低成本，实现精简提速减负增效，不断优化进出口营商环境。

（二）关区进出口食品安全"兜底"责任与各方责任落实的关系

进出口食品安全是系统性工程，只有建立分层级负责制，坚持各单位、各部门齐抓共管的社会共治体系和责任机制，实现整个供应链全覆盖，做到网格化管理，不留死角，才能确保不出现系统性和区域性安全问题。其中，进出口食品安全链条管理和共治格局的形成，有赖于直属海关这一重要层级对全关区的进出口食品安全管理总负责，这种"总经理"式的"兜底"责任的要求，既赋予责任，也赋予主动性和主动权；既担当责任压力，也内生管理动力。显然，海关总署、直属海关、隶属海关之间，除了层级管理关系以外，在实际运作过程中，上下互动，相互衔接，形成整体，对于提升进出口食品安全工作整体效能十分重要。

与此同时，各直属海关关区总关的相关处室和单位，按照条块管理方式，采取分为不同环节和"流水线"式分段管理的职责分工，"并联"运行，由各相关方基于对责任体系的理解、自身责任的受领和落实，积极主动作为，以平行联动式共同推进管理工作,以达到优化具体运作的实际效果。这里的关键点,一是责任明确,授权到位;二是责任分工与协调联动机制。

(三)满足消费者权益诉求与满足企业效益追求及特色产业做大做强的关系

在进出口食品安全体系中,各相关主体的关注点不同,诉求不同。消费者是进出口食品的实际使用者,对进出口食品安全的实际效果感受最直接,最关注进出口食品安全工作体系的实际效果。进出口食品生产经营企业最关心的是企业的经济效益,对其来说,食品安全是必要条件,它们在关注进出口业务发展对自身收益的视角,努力按标准生产和经营,实现安全和效益的统一。地方政府坚持贯彻中央要求和法律法规规定,全面履行食品安全总责责任,但地方政府存在地方利益。同时,也最关心政府的政绩评价,其中包括进出口产业发展对经济总量、就业、财政性税收等。监管部门按法律法规规定,最关注的是安全底线不被突破和国家外交外贸政策实施,同时兼顾产业发展。进出口食品安全是一个系统工程,各主体作用和关注点都必须兼顾,少了哪一方的作用和积极性,整体质量和效益都将受到不利影响。

(四)进出口贸易主渠道与跨境电商等多元进口渠道的关系

虽然跨境电商个人自用品监管不同于进出口贸易食品监

管，但是产品最终都是用于个人消费。目前，武汉关区"三区联动"，跨境电商综试区已成为境外食品进入关区消费的重要渠道。在此背景下，进出口食品安全工作除了关注传统的正常贸易进出口渠道以外，还需加强关注跨境电商渠道。必须加强研究和落实跨境电商进出口食品安全监管方法，有效防止不合格食品从电商渠道流进和流出，切实担当保一方安全的职责。

（五）进出口监管与打击走私的关系

冻肉及其他食品走私，弱化了进出口食品安全的成效。从最近关区打击走私的情况看，食品走私是当前走私犯罪的重点领域之一。走私组织周密，链条很长，十分猖獗。食品走私冲击进出口食品安全体系，促使正规的食品安全体系失去效力，就像"马其诺防线"失去效用那样，不得不引起充分重视。在这种情势下，必须坚持"两手抓"，一手抓严密监管保安全，一手抓严厉打击走私堵邪门，才能保一方食品安全。

四、采取实际措施，解决实际问题

（一）以宽广的视野审视进出口食品安全工作

习近平总书记指出："食品安全是民生，民生与安全联系在一起就是最大的政治。"海关是政治机关，我们要对标习近平总书记关于食品安全"四个最严"的重要指示，落实海关总署进出口食品安全"一点问题都不能出"的工作要求，深入学习研究《中共中央　国务院关于深化改革加强食品安全工作的意见》等文件精神，从更高的站位、更大的格局、更宽的视野来认识、思考和谋划，服务国家外贸外交大局，做好新海关进出口食品安全工作。保证不出全局性、系统性安全事件，加强法律法规研究和收集，加强关区进出口食品业态分析，加强舆情监测和风险分析与防控，守住安全底线，做到不添乱，为新海关建设树立良好形象。

（二）理顺工作流程，提升监管效能

对调研中发现的海关总署公告落实问题、进出口食品安全监管工作流程需重新梳理的问题，立行立改。一方面，积极与新港海关、武昌海关、汉口海关沟通，已实现进口肉类进入综合保税区再实施检验；另一方面，全面梳理细化各部门、各环节食品安全工作制度，修订食品检验检疫合格评定操作细则，进一步理顺工作流程，做到"无缝连接"。

（三）加强进出口食品安全共治的方法

研究新海关背景下，进出口食品安全责任体系变化，明确各主体责任，对隶属海关加强业务指导和协调，对地方政府及部门加强督促和提醒，对企业加强日常监管和检查，发现问题及时监督到位、协调到位、指导到位。及时请示汇报，有效化解风险，杜绝隐患。

（四）回应社会关切

主动对接活动组委会、供应商，宣贯进出口食品监管政策，强调对于携带自用食品，海关需按规定实施监管，检疫不可豁免。与相关部门就代表团携带自用食品的监管流程、待检区域等问题达成共识。始终以高度的敏感性落实各项工作安排，尽全力做好涉外活动进出口食品安全保障工作。

(五) 促进关区进出口食品产业发展

紧紧抓住转变优化职能这个关键，以提升企业的满意度和获得感来衡量改革工作的实际成效，聚焦企业最关心、最现实的利益问题积极作为，针对企业提出的供港澳地区蛋品 RFID 溯源管理系统激光打码成本较高问题，积极协商港澳地区有关机构，争取达成取消该项目意向，为湖北省出口蛋品企业节约成本。积极支持孝感市人民政府"中国茶（俄罗斯）展销中心"建设，推动汉口北市场采购贸易方式出口低风险预包装食品试点工作，全面深化改革，打造内陆开放新高地，真正实现通关效率更高、通关成本更低、营商环境更好、监管更严密、服务更优化的新时代中国特色社会主义新海关。